杜玉林 著

纳入MSCI指数对新兴股票市场的影响研究

复旦大学出版社

目录

绪论 ································· 1
  第一节 选题意义和背景 ················ 2
  第二节 基础理论与文献综述 ············· 3
    一、股票纳入 MSCI 指数对新兴股票市场的公告
       效应 ································ 4
    二、新兴股票市场与发达股票市场的联动性 ········ 6
  第三节 主要内容 ······················ 13

第一章 股票价格指数编制与 MSCI 指数简介 ········· 15
  第一节 股票价格指数编制方法 ············ 16
    一、价格指数简介 ···················· 16
    二、股票价格指数的编制方法 ············· 19
  第二节 MSCI 指数简介 ·················· 39
    一、MSCI（明晟）公司 ················ 39
    二、MSCI 指数体系 ·················· 41
    三、MSCI 中国指数系列 ················ 61

第二章 新兴股票市场纳入 MSCI 指数进程及影响 …… 71
第一节 事件分析法简介 …… 74
一、定义事件与事件窗 …… 74
二、估计股票正常预期收益和异常收益 …… 75
三、统计检验 …… 77
第二节 韩国股票市场纳入 MSCI 指数的进程及影响 …… 79
一、韩国股票市场纳入 MSCI 指数的进程 …… 79
二、韩国股票市场纳入 MSCI 指数的影响 …… 80
第三节 中国股票市场纳入 MSCI 指数的进程及影响 …… 84
一、中国 A 股市场纳入 MSCI 指数的进程 …… 84
二、对股票超额收益率的影响 …… 91
三、对股票价格波动率的影响 …… 96
第四节 其他新兴股票市场纳入 MSCI 指数的影响 …… 108

第三章 新兴股票市场与发达股票市场的联动性研究 …… 111
第一节 时间序列分析基础 …… 112
一、一元时间序列分析 …… 112
二、多元时间序列分析 …… 126
第二节 新兴股票市场与发达股票市场的动态融合实证研究 …… 132
一、动态融合模型简介 …… 132
二、韩国股票市场 …… 135
三、中国 A 股市场 …… 156
四、MSCI 新兴股票市场 …… 171

　　　　　五、小结 ·· 175
第三节　新兴股票市场与发达股票市场的波动溢出实证
　　　　研究 ·· 176
　　　　　一、波动溢出模型简介 ································ 177
　　　　　二、韩国股票市场 ······································ 179
　　　　　三、中国A股市场 ······································ 181
　　　　　四、MSCI新兴股票市场 ······························ 184
　　　　　五、小结 ·· 185
第四节　新兴股票市场与发达股票市场的尾部风险实证
　　　　研究 ·· 186
　　　　　一、Copula函数与尾部风险模型 ··················· 187
　　　　　二、韩国股票市场 ······································ 195
　　　　　三、中国A股市场 ······································ 200
　　　　　四、MSCI新兴股票市场 ······························ 202
　　　　　五、小结 ·· 204

第四章　结束语以及政策建议 ································ 207
　　　　　一、政府层面 ·· 208
　　　　　二、公司层面 ·· 210
　　　　　三、投资者层面 ··· 210

附录　书中所用Copula函数程序 ···························· 212
参考文献 ··· 216
后记 ·· 237

绪论

第一节 选题意义和背景

MSCI(Morgan Stanley Capital International,摩根士丹利资本国际公司,简称明晟公司)是全球最大的指数编制公司,其编制的指数是很多全球性基金的配置对象。新兴经济体股票市场纳入 MSCI 指数往往意味着该经济体的金融对外开放的进一步加强,会给股票市场带来很多的境外资金。这一方面给新兴经济体股票市场带来极大的流动性,增强了该经济体股票市场的国际化程度;但另一方面也会增加股票市场的系统性风险。

党的二十大报告指出,要推进高水平对外开放,稳步扩大规则、规制、管理、标准等制度型开放。具体到资本市场方面,要奋力推进资本市场开放,着力建设高质量资本市场。我国一直在进行资本市场的改革开放,例如 2014 年的沪港通、2016 年的深港通以及 2018 年启动的沪伦通等。2018 年 6 月 1 日,明晟公司宣布中国 A 股以 2.5% 权重纳入 MSCI 新兴市场指数,表明我国资本市场改革开放再上一个台阶。2019 年 3 月 1 日,明晟公司逐步扩大中国 A 股在明晟公司全球基准指数中的纳入因子,由 5% 提升至 20%,并分别在 2019 年 5 月、8 月、11 月分三步执行完成。我国是世界第二大经济体,A 股最终会 100% 纳入 MSCI 指数。那么,纳入 MSCI 指数对我国资本市场有什么影响?纳入 MSCI 指数以后,A 股与发达股票市场的联动性是否增加?能否提高 A 股的国际化水平?同时如何防范由此带来的 A 股系统性风险?这是本书要讨论的主要问题。

当前资本市场开放成为我国金融改革的主要议题。尽管目前我国已经实行了"陆港通",但资本账户仍相对封闭。境外资金不能自由进出我国资本市场,境外投资我国股票市场规模占全球跨境资产总规模的比例也不足3%,远低于发达市场和其他发展较快的新兴市场,而且沪港通和深港通所带来的境外流入资金相对A股市值比例较小,境外资金的持股比例不高。纳入MSCI指数以后,随着我国资本市场参与国际资本的配置,会加速境外资金的流入,A股市场中的境外资金持股比例将明显提高。那么,境外资本的流入对我国股票市场会产生什么影响?如何防范由此带来的系统性风险?这些都是值得研究的问题,因此本书有一定的理论和实践意义。

到目前为止,我国A股纳入MSCI指数的纳入因子仅为20%,比例相对较低。目前有很多新兴经济体已经纳入MSCI指数。本书通过分析与我国A股较为接近的韩国股票市场纳入MSCI指数的过程,同时结合其他新兴经济体纳入MSCI指数的过程和经验,提出一些政策建议和措施,期待我国A股早日100%纳入MSCI指数。

第二节 基础理论与文献综述

本书主要讨论新兴股票市场纳入MSCI指数对新兴经济体股票市场的影响,有两方面的内容:第一是纳入MSCI指数是否会对新兴股票市场产生公告效应,也就是纳入MSCI指数的股票是否存在超额收益率,是否会降低股票市场的波动率;第二是考察股票纳入MSCI指数以后,新兴经济体股票市场与发达股票市场间的联动性是否发生变化。以下从这两个方面介绍基础理论和文献综述。

一、股票纳入 MSCI 指数对新兴股票市场的公告效应

(一) 国外文献综述

国外学者对于股票入选重要股票指数的公告效应研究比较多。一般认为,股票入选股票市场重要指数后,股票价格、收益率以及交易量均会出现明显上升,具有较为显著的正公告效应。Shleifer(1986)研究发现,股票在入选标准普尔指数后其超额收益率是正的。Harris 和 Gurel(1986)分析了股票纳入标准普尔指数后有超额收益率的原因,并提出了价格压力假说,认为超额收益率可达到 3% 左右,时间可持续到 2 周左右。Chang(2015)研究了纳入罗素 2000 的股票,发现能够获取超额的正收益。对纳入 MSCI 指数的研究文献也能够得到类似的结论。Chakrabarti(2005)通过分析 1998—2002 年 29 个国家的公司股票发现,新纳入 MSCI 指数的股票价格和成交量都有明显的提升,也称为纳入指数效应,并用不完全替代假说进行了解释和说明。Leuz(2009)认为,由于纳入 MSCI 指数以后,公司在公司治理方面会进行改进,因此能够获得境内外投资者的青睐,从而获得超额收益率。Gaetano(2018)则主要分析了金砖国家纳入 MSCI 指数后,对证券市场收益率和波动率的影响,认为总体是有正效应的。

对于此,Chen(2004,2019)总结了三种假说来解释公告效应,分别是不完全替代假说、价格压力假说以及投资者关注度变化假说。不完全替代假说认为,由于跟踪指数的多为被动性基金,因此股票纳入 MSCI 指数以后,机构被动调仓会导致对入选 MSCI 指数股票的超额配置,从而影响股票的超额收益率和波动率。价格压力假说则认为,股票的短期需求曲线是向下倾斜的,但是长期是水平的,因此纳入指数以后,短期内股票的收益率和波动会有所变

化,但是长期的还是水平的。投资者关注度变化假说则认为,纳入指数以后会增加投资者对股票的关注度,从而短期内股票收益率和波动率都会有所变化。

(二)国内文献综述

虽然中国 A 股纳入 MSCI 指数的时间不长且纳入的比例也不高,但是围绕股票纳入 MSCI 指数的研究还是有些相关文献。范起兴(2016)重点探讨 A 股如何纳入 MSCI 指数的相关问题,提出应取消 QFII 和 RQFII 制度,改革创新市场基础制度,争取中国 A 股早日加入 MSCI 新兴市场指数,推进我国资本市场国际化。Hung 和 Shiu(2016)对纳入 MSCI 指数的中国台湾地区成分股的市场表现进行了研究,发现由于境外资金的买入,新纳入 MSCI 指数的成分股有超额的收益率。倪骁然和顾明(2020)对 A 股纳入 MSCI 指数的研究也发现纳入 MSCI 指数有显著的正公告效应,而且聪明投资者利用公告效应能够获利。还有文献对纳入 MSCI 指数的市场信息含量做了研究。谭雅妃和朱朝晖(2022)研究了上市公司被纳入 MSCI 新兴市场指数后是否会对股价更敏感,研究发现 A 股市场存在反馈效应,且相较于相似的匹配公司,A 股纳入 MSCI 指数后显著增加了标的上市公司的股价变化对投资变化的反馈效应。顾煜和施雯(2021)检验了 A 股纳入 MSCI 指数对分析师盈利预测的影响。结果表明 A 股纳入 MSCI 指数有效降低了分析师盈利预测偏差和乐观偏差,提升了我国资本市场的信息环境质量;且当公司治理水平越高,A 股纳入 MSCI 指数对分析师盈利预测偏差的抑制作用越明显。张曾莲和施雯(2021)基于 A 股纳入 MSCI 新兴市场指数事件,探究了纳入 MSCI 指数对公司违规的影响。结果发现,纳入 MSCI 指数能够显著抑制上市公司的违规倾向和违规次数。杨松令、杨璐和刘亭立(2021)发现纳入

MSCI 指数加剧了 A 股企业的股价崩盘风险,该影响主要体现在市值规模较小和分析师关注较低的企业中,同时发现投资者情绪高涨是造成股价崩盘风险的主要渠道;提升企业的信息披露质量会显著降低纳入 MSCI 新兴市场指数带来的股价崩盘风险。

(三)文献评述

以上文献为本书提供了非常好的写作基础,文献中分析了纳入指数给股票带来的正效应以及纳入 MSCI 指数的信息含量。本书从新兴市场纳入 MSCI 指数角度,分析各新兴股票市场纳入 MSCI 指数的公告效应,以及对新兴股票市场的收益率和波动率的影响,同时利用事件分析法和双重差分法分析中国 A 股纳入 MSCI 新兴市场指数对于股票市场的收益率和波动率的影响,并印证了这三种假说。

二、新兴股票市场与发达股票市场的联动性

(一)股票市场联动性的基本含义

如果一个变量发生变化,会导致另一个变量发生变化,此时就称这两个变量之间有联动性。联动最早是由卢卡斯在研究宏观经济周期理论时引入经济研究中的,他用来描述在经济或者商业周期背景下,各宏观经济变量之间的相同变化趋势。对于股票市场之间的联动性,大多数文献是指金融市场中股票指数随时间的变化有几乎相同的变化趋势,也就是股票指数出现的同涨同跌现象。

近年来,由于计算机网络等高科技的发展,全球国际贸易和经济一体化的进程逐步加速,国家或者地区之间的股票市场关系越来越密切。同时,新兴经济体为了能够融入全球经济一体化,在金融政策方面进行改革,逐步放松金融监管,方便境外资金进入股票市场,这使得金融市场之间的联动性增强。但是这种联动性不是

静止、单一的,而是一直在变化的。国家之间的经贸关系、政策变化以及金融市场中的重大事件都会对股票市场之间的联动性产生很大的影响,因此以金融市场中的重大事件发生时间作为分界点来研究新兴股票市场与发达股票市场之间的联动性有非常重要的意义。

(二)股票市场联动性的作用机制

在经济全球化和信息一体化的今天,不同国家或地区的股票市场之间的联动性是金融学中特别关注的问题。探究股票市场之间的联动性,可以帮助我们更好地理解不同国家的股票市场之间的联动性,同时也为制定金融政策打下坚实的基础。目前关于股票市场之间的联动性主要有两种理论:一种是从理性角度出发的经济基础假说,另一种是从市场主体非理性行为出发的市场传染假说。

1. 经济基础假说

经济基础假说认为,在全球经济联系日益密切的背景下,不同国家的宏观经济基础面越来越具有趋同性,而股票市场是宏观经济的晴雨表,因此这种国家宏观经济基础面的趋同性会导致金融市场层面的联动性。Adler 和 Dumas(1983)通过构建全球资产定价模型,发现经济基本面是不同国家股票市场相关性的根源,由于跨国套利投资者的存在,一个国家重要宏观经济变量的变化可以通过跨国套利投资者的投资组合引起其他国家股票市场的联动性。Stulz(1981)对主要的宏观经济变量如税收以及资本限制等国家制度进行了研究,结果发现这些宏观经济变量或国家制度不仅会影响本国的股票市场,同时也会对其他国家的股票市场产生一定的影响,从而引起了股票市场的联动性。McQueen 和 Roley(1993)的研究表明,由于不同国家之间的经济基本面有趋同性,一个国家宏观经济指标的变化会对本国和其他国家上市公司的未来现金流以及现金流的折现率产生影响,从而影响股票市场收益率,造成股票市场之间的联动性。David和Dickinson(2000)对很多重要的宏观经济变量(产出、通货膨胀、利率等)进行了研究,发现它们是股票市场之间联动性的重要影响因素,同时指出经济的全球化导致了金融市场的全球化。Kristinh和Chinn(2004)利用多因素国际定价模型对美国、英国、日本等世界主要国家的股市联动性的原因进行了研究,结果发现影响股市联动性的最重要因素是国家之间的贸易量,而投资量对股市联动性的影响不大。Tavares(2009)通过分析20世纪70年代至90年代40个发达市场和新兴市场股票联动性的决定因素,发现贸易强度能增加股票市场的联动性,而实际汇率波动、产出增长的不对称性和出口差异程度会减弱股票市场的联动性。Lee和Cho(2017)利用条件非线性分位数回归方法,选取环太平洋国家1990—2012年数据,研究宏观经济变量差异对股票市场联动性的影响,发现宏观经济变量差异对地区股市间联动性的影响是非线性的。龚金国和史代敏(2015)运用已实现波动率非参数方法,通过中美股市季度数据研究中国股票市场和美国股票市场之间的联动性,结果表明中国金融自由化不是中美股市联动的原因,反而还对联动性具有微弱的抑制作用,中美间的贸易强度是影响中美股市联动的主要因素。

2. 市场传染假说

经济基础假说能够很好地解释股票市场之间的联动性。对于经济基础假说无法解释的部分,King和Wadhwani(1990)提出了一个研究跨市场收益率和波动溢出的信息获取模型,发现在解释不同股市之间的相关性时,存在难以被观察到的经济基本面因素解释的部分,从而提出了市场传染假说。市场传染假说认为,在解释股票市场联动性时,那些不能完全被可观察到的宏观经济基本面解释的部分可以通过投资者行为或者金融市场的特点进行解释,经常用到的是羊群效应,认为是由金融市场投资者的非理性行为或者预期所造成的。

有一种心理学观点认为,当每个人都在作出选择时,他们会习惯性地参考其他人的选择。当遇到与他人想法不同的情形时,他们可能会放弃自己的偏好,并采纳与其他人相同的想法,这就是所谓的从众心理。在股市中,由于信息不对称,个体很难准确分析市场信息,因此他们会倾向于跟随他人的决策,以期获得更高的收益,从而产生了羊群效应。当股票市场变化加剧时,羊群效应的存在会使投资者相互影响,进而促进股票市场朝着特定方向变化。这种变化将扩大和传播,并最终影响其他股票市场,从而使股票市场之间产生联动性,而且金融市场的敏感性和投资者的心理等因素会增强这种联动性。Connolly 和 Wang(2002)通过研究美国、英国和日本 1985—1996 年上市公司的收益率,发现国内投资者会从股市收益率中提取出未观察到的全球信息来调整他们的投资决策,最终导致不同股市收益率的相关性。而且在极端下跌的股票市场环境下,股票市场之间的传染性非常明显。Calvo 和 Mendoza(2000)认为,由于计算机网络的发展以及投资的全球化,投资者比较容易搜索到绩优基金经理的投资组合,投资者会跟风进行相同的资产配置,一定程度上造成投资者会选择相同的资产组合,形成羊群效应,从而引起股票市场的联动性。Barberi 和 Shieifer(2003)研究发现,如果投资者对某一风格的股票有共同的偏好,当这一风格的股票过去表现优异时,投资者偏好于投资这一类风格的所有证券,当遇到风险时也会集体调整投资配额,从而造成股市之间的趋同效应,引起股票市场的联动性。Kenourgios 等(2010)

选取1995—2006年期间金砖四国和两个发达市场（美国和英国）的股票市场数据进行分析，发现股票市场之间确实存在传染效应，而且金砖四国股票市场更容易受到金融传染。高昕逸（2020）研究发现，在金融市场宣告重大信息后，由于信息不对称，投资者受到从众心理的影响，股票市场会产生显著的羊群效应，股票市场间的联动性会增强。

（三）影响股票市场之间联动性的因素

影响股票市场之间的联动性因素有很多，可总结为如下三种。

1. 跨境资本的流动

Candelon（2011）认为，随着金融市场的逐步开放，股票市场参与了国际资产的配置，境外资金方便进出，当跨国投资者调整其资产配置时，跨境资本的流动会引起其他经济体股票市场的变动，从而导致股票市场之间的联动性。李稻葵等（2009）利用1993—2005年美国以及29个发展中国家的数据进行Probit回归分析，发现跨境资本的流动是导致美国金融危机跨国际传染的主要原因。可见，资本在国家间的流动会影响风险不同国家金融市场间的联动性。

2. 重大经济金融事件

由于国际形势日渐复杂，突发的重大经济金融事件屡见不鲜，往往给金融市场造成非常严重的负面冲击。根据市场传染假说，一个国家或者地区股票市场受到负面冲击时，会引起投资者的恐慌预期以及羊群效应等非理性行为，而且这种负面冲击和非理性行为会迅速蔓延到其他国家的股票市场，导致金融市场的联动性。有的极端事件引起的负面冲击引起的股票市场联动性更加显著，如2008年次贷危机等。Zhang和Li（2014）采用2000年1月4日—2012年1月13日期间中国和美国股票市场的数据进行分析,发现金融危机期间,中国和美国股票市场的联动性有所增加,而且美国股票市场对中国股票市场的风险溢出效应非常明显。Das、Bhowmik 和 Jana(2018)采用小波分析的方法,选取环太平洋发达股票市场 2001 年 1 月 5 日—2018 年 1 月 9 日的数据,研究了股票市场联动性和波动溢出效应。结果发现,在次贷危机期间,环太平洋发达股票市场之间的联动性和波动溢出效应非常明显,并提出构建国际投资组合应对风险的重要性。杨雪莱和张宏志(2012)通过在 DCC-GARCH 模型中引入宏观经济变量,发现金融危机期间的净传染是中美股市联动增强的一个重要原因。何德旭和苗文龙(2015)采用美国、日本、德国、英国和中国 1993 年 1 月—2013 年 12 月的股票市场数据,发现在金融危机后,美、日、德、英股指波动对中国股指波动的溢出效应和杠杆效应有所增强。陈向阳和余文青(2019)的研究结论表明,次贷危机和欧债危机后,我国股票市场与美国、英国、德国和法国股票市场的联动性都显著增强。

除了金融危机外,还有些经济金融事件会对股票市场的联动性产生影响。例如,2020 年初暴发的新冠疫情对全球经济和金融市场产生了重大影响。钟熙维和吴莹丽(2020)对 2019 年 10 月—2020 年 4 月的数据采用协整检验以及 VAR 模型进行研究,结果表明,在疫情的影响下,全球股市联动性更加明显。单晓玉(2021)选取美、日、韩、德和中国香港地区的股票市场作为研究对象,分析了突发公共卫生事件期间中国内地与其他国家或地区之间的波动溢出效应,并将新冠疫情期间与非典疫情期间的结果进行比较,发现新冠疫情期间,中国内地股票市场与其他股票市场之间的波动溢出效应减弱。Manel 等(2021)研究新冠疫情较严重的中、意、美、德等八个国家股市间的动态关联性,发现股票市场在疫情期间高度关联,动态溢出效应在2020年第一季度新冠肺炎大流行期间最高。蒋海和吴文洋(2021)利用事件分析法研究了疫情对全球股票市场的冲击,发现新冠疫情的暴发提高了股票市场间的动态相关系数,跨市场风险传染强度有所增强。吴献博和惠晓峰(2022)选取了中国A股六个金融子板块股票作为研究对象,结果发现,在疫情期间这些金融子板块之间风险关联程度有所提高。

3. 资本市场开放政策因素

为了适应经济全球化,新兴经济体逐渐实施资本市场开放政策,跨境资本为了追求利益的最大化,大量流入该国的股票市场,大额资金在全球范围内的流动会加强各国金融经济的关联性,从而增强股票市场的联动性。Lin(2012)考察金融市场自由化与次贷危机后,发现亚洲新兴股票市场与欧美股票市场的联动性有所加强。游家兴和郑挺国(2009)建立DCC-GARCH模型,采用1991—2008年亚洲与欧美7个重要的股票市场的数据,发现中国金融自由化政策显著增强了中国与其他金融市场之间的联动性,跨国资本的流动管制放松在很大限度上会影响国际金融市场之间的联动性。徐晓光、余博文和郑尊信(2015)分析了沪港通的实施对中国内地股市与中国香港股市融合程度的影响。结果显示,沪港通的实施增强了股票市场的融合程度,股票市场同步上涨的概率大于市场同步下跌的概率,两市场之间相关性结构也发生了变化。游士兵和吴雨濛(2020)选取2015年10月8日—2020年7月31日上证综合指数和富时100指数的股指收益率数据,构建VAR模型与DCC-GARCH模型,对沪伦通开通前后我国股市与英国股市的联动性变化进行实证研究。结果表明,我国股市与英国股市之间存在着长期稳定的联动关系,随着沪伦通的开通,两地股市联动性有所增强。

(四) 文献评述

关于股票市场之间的联动性的文献比较多,特别是沪港通、深港通与沪伦通等实施以后,股票市场之间的联动性越来越受到关注。我国A股市场纳入MSCI新兴市场指数时间较短,而且只有20%的比例,因此对我国股票市场的影响还有待于进一步的研究,对我国A股市场与发达股票市场联动性的影响也有待于进一步验证。本书研究与我国股票市场相近的新兴股票市场有一定的借鉴意义。

在选用的实证方法方面,国内外研究者在初始研究股票市场联动性时多选用比较简单的线性计量模型,如VAR模型、脉冲相应函数和方差分解等来描述股票市场之间的均值溢出的关系,还有学者选用GARCH族模型来描述股票市场的波动率的变化。后来研究者将两种模型结合起来,采用多元GARCH模型来描述股票市场之间的均值和波动率溢出现象。但是波动率只能识别大小,不能识别涨跌的方向,因此用Copula函数来识别同涨同跌的概率,这样更能够理解股票市场之间的联动性,同时也通过断点检验指出股票市场间联动性的影响因素。

第三节 主 要 内 容

本书主要考虑纳入MSCI指数以后对于新兴股票市场的影响,我国A股目前纳入MSCI指数的比例为20%,因此对于中国股票市场的影响不能作最后的判断,存在的风险以及如何防范风险有待于进一步研究。本书拟研究与我国股票市场比较类似的韩国股票市场纳入MSCI指数的情形,同时考察纳入MSCI新兴市场指数的其他经济体的股票市场情况,期望对我国A股早日

100%纳入MSCI指数提供一些启示和借鉴。本书主要内容如下。

（1）MSCI指数体系的介绍。MSCI指数是全球投资的风向标，是全球投资者跟踪的最主要对象。通过介绍MSCI指数体系和明晟公司运行机制，有助于投资者了解MSCI指数体系结构、编制方法、选股方法、指数审议以及纳入MSCI新兴市场指数需要的条件等。

（2）股票纳入MSCI指数对新兴股票市场的影响研究。这部分内容主要是通过事件分析法与双重差分法，讨论新兴市场纳入MSCI指数以后是否具有公告效应。

（3）新兴市场与发达股票市场之间的联动性研究——基于纳入MSCI指数视角。这部分主要通过格兰杰(Granger)因果检验、DCC-EGARCH-t模型和BEKK-GARCH等模型讨论股票纳入MSCI指数能否增强新兴股票市场与发达股票市场之间的动态融合性以及波动溢出效应，并通过断点分析检验两种股票市场之间的联动性的影响因素。另外，还通过Copula函数求出两种股票市场之间的上尾下尾相关函数，讨论两种市场之间同涨同跌的概率。

第一章

股票价格指数编制与MSCI指数简介

第一节 股票价格指数编制方法

一、价格指数简介

价格指数可以衡量市场上商品价格总水平变动情况,是反映通货膨胀或通货紧缩程度的一个指标,能反映一个经济体的宏观层面基本状况。

价格指数按其计算时所采用基期的不同,可以分为环比价格指数(以上一期为基期)、同比价格指数(以上年同期为基期)和定基价格指数(以某一固定时期为基期)。

价格指数按其所包括商品范围的不同可分为:① 个体指数,是反映某一种商品价格水平上升或者下降程度的指数;② 类指数,即分类商品价格指数,是反映某一类商品价格水平上升或者下降程度的指数;③ 总指数,是反映全部商品价格总水平上升或者下降程度的指数。

常用的价格指数有居民消费价格指数(Consumer Price Index,简写为 CPI)、生产者价格指数(Producer Price Index,简写为 PPI)和股票价格指数。

(一) 居民消费价格指数

居民消费价格指数是一个反映居民家庭一般所购买的消费品和服务项目价格水平变动情况的宏观经济指标。它是在特定时段内度量一组代表性消费商品及服务项目的价格水平随时间而变动的相对数,用来反映居民家庭购买消费商品及服务的价格水平的变动情况。

居民消费价格统计调查的是社会产品和服务项目的最终价格,在整个国民经济价格体系中具有重要的地位。它是进行经济分析和决策、价格总水平监测和调控及国民经济核算的重要指标,其变动率在一定程度上反映了通货膨胀或紧缩的程度。编制居民消费价格指数的目的是了解全国各地价格变动的基本情况,分析研究价格变动对社会经济和居民生活的影响,满足各级政府制定政策和计划、进行宏观调控的需要,以及为国民经济核算提供参考和依据,是国家对居民发放物价补贴的重要依据。

表1-1 我国CPI及其构成

指　　标	2023年5月	2023年4月
居民消费价格指数(上年同月=100)	100.2	100.1
食品烟酒类居民消费价格指数(上年同月=100)	101.2	100.8
衣着类居民消费价格指数(上年同月=100)	100.9	100.9
居住类居民消费价格指数(上年同月=100)	99.8	99.8
生活用品及服务类居民消费价格指数(上年同月=100)	99.9	100.1
交通和通信类居民消费价格指数(上年同月=100)	96.1	96.7
教育文化和娱乐类居民消费价格指数(上年同月=100)	101.7	101.9
医疗保健类居民消费价格指数(上年同月=100)	101.1	101
其他用品和服务类居民消费价格指数(上年同月=100)	103.1	103.5

(二)生产者价格指数

生产者价格指数是衡量工业企业产品出厂价格变动趋势和变动程度的指数,是反映某一时期生产领域价格变动情况的重要经济指标,也是制定有关经济政策和进行国民经济核算的重要依据。生产者价格指数用来衡量生产者在生产过程中所需采购品的价格状况,因而这项指数包括了原材料、半成品和最终产品三个生产阶段的价格信息。对应的指数为原材料价格指数、半成品价格指数以及最终产品价格指数,其中最终产品价格指数即产成品的PPI对金融市场有很大的影响作用,代表着这些商品被运到批发商和零售商之前的最终状态。最终状态的价格一般由原材料和中间品在生产的过程中遇到的价格压力来决定,因此对这三个过程都应该进行观测。

根据价格传导规律,PPI对CPI有一定的影响。PPI反映生产环节价格水平,CPI反映消费环节价格水平。整体价格水平的波动一般先出现在生产领域,然后通过产业链向下游产业扩散,最后波及流通领域消费品。

表 1-2 我国PPI及其构成

指　　标	2023年5月	2023年4月
工业生产者购进价格指数(上年同月=100)	94.7	96.2
燃料、动力类购进价格指数(上年同月=100)	92.4	94.7
黑色金属材料类购进价格指数(上年同月=100)	88.9	91
有色金属材料和电线类购进价格指数(上年同月=100)	94.7	95.5
化工原料类购进价格指数(上年同月=100)	89.4	90.8
木材及纸浆类购进价格指数(上年同月=100)	97.5	100.2
建筑材料及非金属矿类购进价格指数(上年同月=100)	94.9	95.6
其他工业原材料及半成品类购进价格指数(上年同月=100)	98.2	99
农副产品类购进价格指数(上年同月=100)	98.5	101.2
纺织原料类购进价格指数(上年同月=100)	95	95.2

(三)股票价格指数

股票价格指数是用来反映整个股票市场上各种股票市场价格的总体水平及其变动情况的指标,它是由证券交易所或金融服务机构编制的表示股票行情变动的一种供参考的指标。

股票价格指数有以下四个特点:第一是综合性。股票价格指数综合反映了整个市场的股票价格变化,而不是某只股票的价格变化,股票价格的变化一定会与股票价格指数的变化相同。第二是敏感性。每只股票价格的上涨或者下跌都能影响股票价格指数的值,股票价格指数要实时更新,实时体现股票价格的总体变化。股票价格指数更新频率以中证指数行情系统或上海证券交易所技术公司行情发布系统接口发布为准,当前我国股票指数的计算频率为每秒钟一次,国外有的指数更新更快。更新频率越快,越能反映股票价格随时间的变化情况。第三是代表性。编制股票价格指数需要在各类股票中均匀抽取样本股,当市场上股票比较少时,应选取所有的股票作为样本,当市场上股票比较多时,可以抽取具有代表性的股票作为样本。第四是连续性。一般要求股票指数的编制方法不能随意发生改变,保持股票价格指数的连续性,遇到股票配股、增发新股或者调整成分股等,要对指数计算公式进行修正和调整,保持股票价格指数的连续性。

国外主要股票价格指数有道琼斯工业指数、标准普尔500指数和纳斯达克指数,我国代表性的股票指数有香港恒生指数、上证综合指数以及沪深300指数等。

二、股票价格指数的编制方法

(一)价格指数的编制方法

价格指数是综合反映多种商品价格变化的指标,编制的方法有很多种,常用的有拉氏和派氏指数编制方法。指数是一个相对数,是商品报告期的价格与商品基期价格的综合比值。假设某商场有三种商品,基期和报告期的价格(分别用 p_0 和 p_1 表示)以及相应的销售量(分别用 q_0 和 q_1 表示)如表 1-3 所示。

表 1-3　三种商品基期和报告期的价格和销售量

商品名称	计量单位	销售量		价格	
		基期 q_0	报告期 q_1	基期 p_0	报告期 p_1
衣服	件	480	600	100	95
黄酒	千克	500	450	40	44
食品	袋	200	160	80	72

1. 简单综合指数法

简单综合指数法是最简单的一种指数编制方法,是用所有商品报告期的价格之和除以基期价格之和,即先加总后对比,公式为:

$$K_p = \frac{\sum_{i=1}^{n} p_{1i}}{\sum_{i=1}^{n} p_{0i}} \times 100\%$$

因此,上例中的指数计算结果为:

$$K_p = \frac{\sum_{i=1}^{n} p_{1i}}{\sum_{i=1}^{n} p_{0i}} \times 100\% = \frac{95+44+72}{100+40+80} \times 100\% = \frac{211}{220} = 95.91\%$$

结果表明,相对于基期的价格来讲,三种商品报告期的平均价格是下降的,降幅为 4.09%。

简单综合指数是最早出现的指数,道琼斯工业指数在初始阶段就是采用这种方法编制的。这种指数的计算过程比较简单,往往会受到计量单位的影响。例如,将黄酒的价格单位改为 500 克(一市斤),此时黄酒的报告期和基期价格分别变为 88 元和 80 元,那么指数变为:

$$K_p = \frac{\sum_{i=1}^{n} p_{1i}}{\sum_{i=1}^{n} p_{0i}} \times 100\% = \frac{95 + 88 + 72}{100 + 80 + 80} \times 100\% = \frac{255}{260} = 98.07\%$$

可见,商品计量单位会影响价格指数结果的唯一性,而且不同单位之间的商品价格简单相加是没有意义的。这限制了该指数的应用范围。

2. 简单平均比例指数法

为了克服简单综合指数法的结果受计量单位影响的局限性,简单平均比例指数法采用先对比然后加总的方法,计算公式如下:

$$K_p = \frac{\sum_{i=1}^{n} \frac{p_{1i}}{p_{0i}}}{n} \times 100\% = \frac{\frac{95}{100} + \frac{44}{40} + \frac{72}{80}}{3} \times 100\% = 98.33\%$$

该结果表明,三种商品价格平均降幅为 1.67%。

3. 拉氏指数法和派氏指数法

显然,上述两种指数计算方法都没有考虑销售量的因素,而将所有商品的价格同等对待,没有考虑在此价格上销售的数量,不能全面反映商品供需关系,因此在价格指数编制的过程中需要引入销售量因素,称为同度量化因素。同度量化因素有两个作用:第一是权衡轻重,用销售量作为权重,可以知道在此价格上的销售量,更加能够全面反映商品市场的供求关系;第二是统一了计量单位,价格乘以销售量得到销售额,销售额的单位是"元",具有可加性。

作为同度量化因素的销售量有两期,也就是基期 q_0 和报告期 q_1,因此有两种选择权重的方法:一种是选取基期的销售量 q_0,这种指数编制的方法称为拉氏指数法;另一种是选取报告期的销售量 q_1,对应的方法叫作派氏指数法。

拉氏指数法是由德国经济学家拉斯贝尔(Laspeyres)于1864年提出来的,是以基期销售量 q_0 作为权数的综合价格指数,因此把同度量因素固定在基期水平上所编制的综合指数方法统称为拉氏指数,又称为基期加权综合指数,公式可以写为:

$$K_p^{La} = \frac{\sum_{i=1}^{n} p_{1i}q_{0i}}{\sum_{i=1}^{n} p_{0i}q_{0i}} \times 100\%$$

那么,上例中的拉氏指数计算结果为:

$$K_p^{La} = \frac{\sum_{i=1}^{n} p_{1i}q_{0i}}{\sum_{i=1}^{n} p_{0i}q_{0i}} \times 100\% = \frac{480 \times 95 + 500 \times 44 + 200 \times 72}{480 \times 100 + 500 \times 40 + 200 \times 80}$$
$$= 97.62\%$$

与之相对应的是德国经济学家派煦(Paasche)提出的派氏指数法,以报告期的销售量 q_1 作为权重,计算公式为:

$$K_p^{Pa} = \frac{\sum_{i=1}^{n} p_{1i}q_{1i}}{\sum_{i=1}^{n} p_{0i}q_{1i}} \times 100\%$$

上例中派氏指数结果为:

$$K_p^{Pa} = \frac{\sum_{i=1}^{n} p_{1i} q_{1i}}{\sum_{i=1}^{n} p_{0i} q_{1i}} \times 100\% = \frac{600 \times 95 + 450 \times 44 + 160 \times 72}{600 \times 100 + 450 \times 40 + 160 \times 80}$$
$$= 97.27\%$$

关于拉氏指数和派氏指数的大小关系有如下三个结论:

(1) 如果所有商品的报告期价格与基期价格呈同一比例变化,那么拉氏指数和派氏指数相等。

(2) 如果所有商品报告期的销售量均按照同一比例变化,此时的拉氏指数和派氏指数也相等。

(3) 在正常的经济行为下,拉氏指数一般大于派氏指数。

为了说明结论(3),下面以两种商品为例。假设商品 1 和商品 2 基期与报告期的价格分别为 p_{01}、p_{02}、p_{11} 和 p_{12},基期与报告期的销售量分别为 q_{01}、q_{02}、q_{11} 和 q_{12},将这两种商品的拉氏指数和派氏指数相减,即:

$$K_p^{La} - K_p^{Pa} = \frac{\sum_{i=1}^{2} p_{1i} q_{0i}}{\sum_{i=1}^{2} p_{0i} q_{0i}} - \frac{\sum_{i=1}^{2} p_{1i} q_{1i}}{\sum_{i=1}^{2} p_{0i} q_{1i}} = \frac{p_{11} q_{01} + p_{12} q_{02}}{p_{01} q_{01} + p_{02} q_{02}} - \frac{p_{11} q_{11} + p_{12} q_{12}}{p_{01} q_{11} + p_{02} q_{12}}$$
$$= \frac{p_{01} q_{01} p_{02} q_{02}}{(p_{01} q_{01} + p_{02} q_{02})(p_{01} q_{11} + p_{02} q_{12})} \left(\frac{p_{11}}{p_{01}} - \frac{p_{12}}{p_{02}} \right) \left(\frac{q_{12}}{q_{02}} - \frac{q_{11}}{q_{01}} \right)$$

因为 $\frac{p_{01} q_{01} p_{02} q_{02}}{(p_{01} q_{01} + p_{02} q_{02})(p_{01} q_{11} + p_{02} q_{12})} > 0$,所以要说明拉氏指数大于派氏指数,需 $\left(\frac{p_{11}}{p_{01}} - \frac{p_{12}}{p_{02}} \right) \left(\frac{q_{12}}{q_{02}} - \frac{q_{11}}{q_{01}} \right) > 0$。如果

$\frac{p_{11}}{p_{01}} > \frac{p_{12}}{p_{02}}$,也就是说商品 1 价格的涨幅要大于商品 2 价格的涨幅,在正常的经济行为下,此时消费者会趋向于购买涨幅较小的商品 2,从而 $\frac{q_{12}}{q_{02}} > \frac{q_{11}}{q_{01}}$,因此有 $\left(\frac{p_{11}}{p_{01}} - \frac{p_{12}}{p_{02}}\right)\left(\frac{q_{12}}{q_{02}} - \frac{q_{11}}{q_{01}}\right) > 0$,从而拉氏指数大于派氏指数;如果 $\frac{p_{11}}{p_{01}} < \frac{p_{12}}{p_{02}}$,也就是说商品 1 的降价幅度大于商品 2,从而消费者会购买那些降价幅度大的商品 1,导致商品 1 的销售量增幅会大于商品 2 的销售量的增幅,即 $\frac{q_{12}}{q_{02}} < \frac{q_{11}}{q_{01}}$,此时 $\left(\frac{p_{11}}{p_{01}} - \frac{p_{12}}{p_{02}}\right)\left(\frac{q_{12}}{q_{02}} - \frac{q_{11}}{q_{01}}\right) > 0$,同样说明拉氏指数大于派氏指数。综合上述两种情形,在正常经济行为下,拉氏指数一般是大于派氏指数的;如果不满足上述条件,会导致拉氏指数小于派氏指数。例如,假设衣服报告期的价格上升为 105 元,同时销售量增加到 800 件,此时计算得到的拉氏指数比派氏指数小,如表 1-4 所示。

表 1-4 拉氏指数小于派氏指数的情形

商品名称	计量单位	销售量		价 格	
		基期 q_0	报告期 q_1	基期 p_0	报告期 p_1
衣服	件	480	800	100	105
黄酒	千克	500	450	40	44
食品	袋	200	160	80	72

4. 其他指数编制方法

为了克服拉氏指数偏大、派氏指数偏小的问题,指数编制工作者致力于探寻编制居于两者之间的指数。1887年,英国经济学家马歇尔和埃奇沃思提出了马埃指数,用基期销售量和报告期销售量的平均数作为权重,即:

$$K_p^{ME} = \frac{\sum_{i=1}^{n} p_{1i} \frac{q_{0i}+q_{1i}}{2}}{\sum_{i=1}^{n} p_{0i} \frac{q_{0i}+q_{1i}}{2}} = \frac{\sum_{i=1}^{n} p_{1i}(q_{0i}+q_{1i})}{\sum_{i=1}^{n} p_{0i}(q_{0i}+q_{1i})}$$

1922年,费希尔又提出了理想指数,取拉氏指数和派氏指数的几何平均值:

$$K_p^{ID} = \sqrt{\frac{\sum_{i=1}^{n} p_{1i}q_{0i}}{\sum_{i=1}^{n} p_{0i}q_{0i}} \cdot \frac{\sum_{i=1}^{n} p_{1i}q_{1i}}{\sum_{i=1}^{n} p_{0i}q_{1i}}} \times 100\%$$

可以看出,这两种指数的值都介于拉氏指数和派氏指数之间。

5. 指数编制方法的优良性检验

指数虽然能综合反映商品价格的变化,但对同一问题,由于指数的编制方法不同,得到的指数结果往往不同,这样就丧失了指数的唯一性,因此有必要对指数编制方法的优良性进行检验,筛选出比较优秀的指数编制方法,同时也能发展指数编制理论。为此,学者们提出了一系列检验方法,其中最流行的是费希尔指数检验理论,主要有以下八种检验方法:

(1) 恒等性检验。也就是总指数 $P=1$。

(2) 公度性检验。要求指数值不会随商品的计量单位的变化而发生变化。

(3) 比例性检验或平均值检验。若所有商品的个体指数都等

于某个常数 C,那么总指数 $P=C$。

(4) 确定性检验。当某商品的单位价格或销售量等于 0 时,指数值也不会出现等于 0、无穷大或者为不定值的情况。

(5) 进退检验或联合检验。在原有 N 个商品的资料中,增加或减去一个商品时,所得结果与按原有 N 个商品资料得到的指数值相等。

(6) 时间颠倒检验。同一个经济问题的顺时间总指数与其同类的逆时间总指数互为倒数。个体指数能通过该检验。因为一个商品其报告期与基期价格对比的指数,与其基期价格与报告期对比的指数互为倒数。但对于综合统计指数,往往不能通过该检验。

(7) 因子颠倒检验。价格指数与相应的销售量指数的乘积应等于销售额指数。个体价格指数能通过该检验,但总指数的编制方法中,除简单几何平均法和几何平均法外,其余均不能通过该检验。

(8) 循环检验。指若干个逐期的同一环比指数的连乘积等于相应的定基指数。

一般指数都能够通过前五个检验,后三个检验比较难通过,例如拉氏指数和派氏指数就不能通过后三个检验,马埃指数可以通过时间颠倒检验,但是不能通过因子颠倒检验和循环检验。经过费希尔多年的努力,他构建出来的理想指数终于能通过上述八种检验,因此取名为理想指数。

6. 加权平均比例指数

注意到,在拉氏指数和派氏指数的公式

$$K_p^{La} = \frac{\sum_{i=1}^{n} p_{1i}q_{0i}}{\sum_{i=1}^{n} p_{0i}q_{0i}} \times 100\%, \quad K_p^{Pa} = \frac{\sum_{i=1}^{n} p_{1i}q_{1i}}{\sum_{i=1}^{n} p_{0i}q_{1i}} \times 100\%$$

中都含有不同期的销售量与价格相乘的式子,如 $\sum_{i=1}^{n} p_{1i}q_{0i}$ 和 $\sum_{i=1}^{n} p_{0i}q_{1i}$,这种乘法是没有意义的,从而引入了加权平均比例指数法。在拉氏指数的分子中同时乘以和除以 p_{0i},得到:

$$K_p^{La} = \frac{\sum_{i=1}^{n} p_{1i}q_{0i}}{\sum_{i=1}^{n} p_{0i}q_{0i}} = \frac{\sum_{i=1}^{n} \frac{p_{1i}}{p_{0i}} p_{0i}q_{0i}}{\sum_{i=1}^{n} p_{0i}q_{0i}}$$

其中 $\frac{p_{1i}}{p_{0i}}$ 是第 i 种商品的个体价格指数,这样就避免了不同期的销售量与价格相乘的问题,而且基期商品销售额是已知的,即分母 $\sum_{i=1}^{n} p_{0i}q_{0i}$ 是常数,因此作如下变形:

$$K_p^{La} = \frac{\sum_{i=1}^{n} \frac{p_{1i}}{p_{0i}} p_{0i}q_{0i}}{\sum_{i=1}^{n} p_{0i}q_{0i}} = \sum_{i=1}^{n} \frac{p_{1i}}{p_{0i}} \left(\frac{p_{0i}q_{0i}}{\sum_{i=1}^{n} p_{0i}q_{0i}} \right)$$

其中 $\frac{p_{0i}q_{0i}}{\sum_{i=1}^{n} p_{0i}q_{0i}}$ 表示第 i 种商品在基期时占整个商品销售额的比例,也称为权重,用 $\omega_i = \frac{p_{0i}q_{0i}}{\sum_{i=1}^{n} p_{0i}q_{0i}}$ 来表示,得到:

$$K_p^{La} = \sum_{i=1}^{n} \frac{p_{1i}}{p_{0i}} \omega_i$$

这种指数编制的方法叫作固定权数法,我国 CPI 的编制就用这种方法。每种商品在 CPI 中占的权数在基期是固定的,国家统计局每五年更新一次。可以看出,如果某种商品的销售额在总销售额中占的比重大,那么其对 CPI 的影响就很大,目前我国 CPI 中猪肉的消费占比是最大的,因此猪肉的价格对我国 CPI 影响最大,这也是很多证券公司的分析师非常关注猪肉价格变化的原因。

同样的道理,可以对派氏指数的分母作如下变形:

$$K_p^{Pa} = \frac{\sum_{i=1}^{n} p_{1i}q_{1i}}{\sum_{i=1}^{n} p_{0i}q_{1i}} = \frac{\sum_{i=1}^{n} p_{1i}q_{1i}}{\sum_{i=1}^{n} \frac{p_{0i}}{p_{1i}}p_{1i}q_{1i}} = \frac{\sum_{i=1}^{n} p_{1i}q_{1i}}{\sum_{i=1}^{n} \frac{1}{p_{1i}/p_{0i}}p_{1i}q_{1i}}$$

这样就可以避免不同期的商品价格和销售量相乘,因为其形式与调和平均数比较类似,也称为调和加权平均比例指数。调和平均数计算起来比较麻烦,可描述的经济现象也有限,这在一定程度上限制了其使用范围。

(二) 股票价格指数的编制

编制股票价格指数一般是选取具有代表性、有实力的上市公司,这些公司股票价格的变动能够反映股票市场的价格变动,而这些公司的经营业绩反映了国家或者地区的宏观经济状况,因此,在一定程度上股票价格指数是宏观经济的晴雨表,是观察一个国家或者地区经济的重要参考指标和依据。

大多数股票指数编制方法采用派氏指数法,其计算公式为:

$$K_p^{Pa} = \frac{\sum_{i=1}^{n} p_{1i}q_{1i}}{\sum_{i=1}^{n} p_{0i}q_{1i}} \times 100\%$$

在公式中,首先要确定每只股票基期和报告期的价格,这可以在股票报价系统中找到,如 Wind 等;其次要确定每只股票的数量,一般是自由流通股本,而且遇到股票股本变化时,要对股票基数价值进行调整。下面以沪深 300 指数的编制为例来说明。

(三) 沪深 300 指数的编制方法

沪深 300 指数由沪深市场中规模大、流动性好的最具代表性的 300 只证券组成,于 2005 年 4 月 8 日正式发布,以反映沪深市场上市公司证券的整体表现,由中证指数公司负责编制和维护。沪深 300 指数的编制目标是反映中国证券市场股票价格变动的概貌和运行状况,并能够作为投资业绩的评价标准,为指数化投资及指数衍生产品创新提供基础条件。沪深 300 指数具有成分股数量适中、成交活跃和流动性好等优点,从发布之初就被众多机构投资者作为理想化的指数投资标的。Wind 数据统计显示,目前跟踪沪深 300 指数的基金有 170 只,合计规模达 2 391.17 亿元,在所有指数基金规模中占比为 10.77%,位列第一,远超市场上的上证 50、中证 500 等主要指数,是中国基金业首选跟踪指数。在海外,沪深 300 指数同样被全球投资者熟知和认可,在一些发达资本市场中,也有很多跟踪沪深 300 指数的交易所交易基金(ETF)产品。

1. 沪深 300 指数的特点

(1) 成分股选择标准严格,具有良好的可交易性

沪深 300 指数成分股的选择标准非常严格,选取的是沪深两市公司规模以及股票流动性都靠前的公司。为了保证沪深 300 指数具有良好的可交易性,沪深 300 指数剔除暂停上市公司、ST 公司、经营状况异常或财务报告严重亏损的公司和股价波动较大、市场表现明显受到操纵的公司,因此沪深 300 指数反映的是沪深两

市流动性强和规模大的公司股价的综合变动。而且沪深300指数也是沪深300指数期货和沪深300指数期权的标的资产,适合于投资者进行跟踪、投资组合管理以及套期保值。

(2)采用分级靠档方法,计算沪深300指数的调整股本权数

沪深300指数以成分股的自由流通股本为基础,采用九档的分级靠档方法确定调整股本作为指数计算的权数,而不用成分股的总股本,因此沪深300指数反映的是实际可交易股票的价格变化情况,符合可投资交易指数的要求。同时,这种分级靠档技术考虑到了我国上市公司股权结构的特殊性,能避免上市公司股权结构变化造成沪深300指数的非理性波动,从而降低股权结构频繁变动带来的跟踪沪深300指数的投资交易成本。

(3)设立成分股缓冲区,增强沪深300指数的稳定性和可预期性

沪深300指数设定成分股缓冲区。优先选择综合排在前240名内的新股票为成分股,将综合排在前360名而没有入选沪深300指数的股票设定为成分股缓冲区。当有成分股公司退市时,则从成分股缓冲区中选取综合排名最高的股票替代该退市公司股票,从而提高了沪深300指数成分股的稳定性,也增强了沪深300指数成分股调整的可预期性和指数管理的透明度。

(4)高度的相关性

通过计算,沪深300指数与上证综合指数(000001)和深圳成分指数(399001)的相关系数一直都在0.98以上,说明沪深300指数与两个指数的相关性非常高,能够充分反映上海和深圳股票市场的股票价格变化情况。

2. 沪深300指数样本股的选取

沪深300指数样本股的选股空间为:样本股的上市交易时间

超过一个季度;样本股的股票价格无明显的异常波动或市场操纵;样本股公司经营状况良好,最近一年无重大违法违规事件、财务报告无重大问题;非 ST、*ST 股票且非暂停上市股票;剔除经专家认定不能进入指数的股票。

沪深 300 指数的选股方法是对选股空间中的股票按照最近一年(新股为上市以来)的日均成交金额由高到低排名,剔除排名后 50% 的股票,然后对剩余股票按照日均总市值由高到低进行排名,选取排名在前 300 名的股票作为成分股。

沪深 300 指数成分股原则上每半年调整一次,一般在每年 5 月和 11 月的下旬审核指数样本,成分股调整实施时间原则上分别为每年 6 月和 12 月的第二个星期五的下一交易日。

3. 沪深 300 指数的计算方法

沪深 300 指数采用派氏指数法计算,公式如下:

$$K_p^{Pa} = \frac{\sum_{i=1}^{n} p_{1i} q_{1i}}{\sum_{i=1}^{n} p_{0i} q_{1i}} \times 100\%$$

可以看出上面公式中要确定三个量,其中成分股基期价格 p_{0i} 在基期已经确定,剩下需确定成分股的实时成交价格 p_{1i} 以及成分股的调整股本 q_{1i}。

(1) 确定成分股实时成交价格

成分股实时成交价格来自上海证券交易所与深圳证券交易所交易系统。根据中证指数公司发布的《中证指数有限公司股票指数计算与维护细则》,在每一交易日集合竞价结束后,用成分股集合竞价产生的开盘价计算开盘指数,如果成分股没有成交价格,则用行情系统中提供的开盘参考价格。沪深 300 指数每秒钟更新一次,直到交易结束。如果沪深证券交易所行情发生异常,中证指数有限公司可以视情况决定是否继续计算指数。

(2)确定成分股的调整股本

成分股的调整股本 q_{1i} 是用总股本乘以加权比例得到的,加权比例根据成分股的自由流通比例,采用分级靠档方法来确定。计算成分股的调整股本可以分以下三步进行。

第一步:确定成分股的自由流通股本和自由流通比例。成分股的自由流通股本是剔除上市公司股本中的不流通股份,以及由于战略持股或其他原因导致的基本不流通股份,剩下的股本称为自由流通股本。然后用自由流通股本除以总股本得到自由流通比例,即:

$$自由流通比例=自由流通股本/成分股总股本$$

第二步:确定加权比例。

根据成分股的自由流通比例,采用表 1-5 的分级靠档方法,分九级确定成分股的加权比例。

表 1-5 沪深 300 指数成分股的加权比例分级靠档方法

自由流通比例	≤15	(15, 20]	(20, 30]	(30, 40]	(40, 50]	(50, 60]	(60, 70]	(70, 80]	>80
加权比例(%)	上调至最接近的整数值	20	30	40	50	60	70	80	100

例如,某成分股的自由流通比例为 9%,低于 15%,则采用 9% 为加权比例;某成分股的自由流通比例为 64%,落在区间(60, 70]内,那么采用的加权比例为 70%;如果某成分股的自由流通比例

大于80%,那么认为该成分股是全流通的,以总股本为权数进行指数计算。

第三步:计算成分股的调整股本,公式为:

$$调整股本=总股本×加权比例$$

4. 沪深300指数的修正与维护

为保证沪深300指数的连续性,当成分股的股本结构、市值或者名单发生改变时,沪深300指数采用除数修正法修正原除数,修正公式为:

$$\frac{修正前的调整市值}{原除数}=\frac{修正后的调整市值}{新除数}$$

其中,修正后的调整市值=修正前的调整市值+新增(减)调整市值。同时,为确保沪深300指数能够及时反映成分股的交易状况,对成分股的送股、配股、拆股或缩股等除权事件,需要在成分股的除权基准日前,按照如下公式修正成分股的调整市值:

$$修正后的调整市值=除权报价×除权后的调整股本数\\+修正前的调整市值(不含除权股票)$$

另外,由于公司增发或债转股等事件引起成分股的股本变动累计达到5%时,需按照如下公式修正成分股的调整市值:

$$修正后的调整市值=收盘价×变动后的调整股本数$$

5. 沪深300指数的编制和维护举例

假定选择三个股票作为样本股计算指数,以基日股票调整市值为基值,基点指数定为1 000点,先计算基期指数,如表1-6。

表 1-6 计算基期指数

股票	总股本	自由流通股本	自由流通比例调整	加权比例	股本	收盘价（元）	调整市值（元）
A	200 000	16 000	8%	8%	16 000	5	80 000
B	16 000	9 000	56%	60%	9 600	9	86 400
C	10 000	9 000	90%	100%	9 000	20	180 000
						总调整市值	346 400
指数计算							
总调整市值（元）(1)		除数(2)		基期指数(3)		收盘指数 =(3)×(1)/(2)	
346 400		346 400		1 000		1 000	

（1）三只股票价格发生变动

三只股票价格发生变动，计算指数结果如表 1-7 所示。

表 1-7 交易日(1)

股票	总股本	自由流通股本	自由流通比例调整	加权比例	股本	收盘价（元）	调整市值（元）
A	200 000	16 000	8%	8%	16 000	5.2	83 200
B	16 000	9 000	56%	60%	9 600	9.1	87 360
C	10 000	9 000	90%	100%	9 000	21	189 000
						总调整市值	359 560
指数计算							
总调整市值（元）(1)		除数(2)		基期指数(3)		收盘指数 =(3)×(1)/(2)	
359 560		346 400		1 000		1 037.990 762	

（2）成分股发放股利，沪深300指数不修正

假设股票C每股派发股利1元，沪深300指数不需要修正，如表1-8所示。

表1-8 股票股利派发日指数计算

股票	总股本	自由流通股本	自由流通比例调整	加权比例	股本	收盘价（元）	调整市值（元）
A	200 000	16 000	8%	8%	16 000	5.2	83 200
B	16 000	9 000	56%	60%	9 600	9.1	87 360
C	10 000	9 000	90%	100%	9 000	20	180 000
						总调整市值	350 560

指数计算			
总调整市值（元）(1)	除数(2)	基期指数(3)	收盘指数=(3)×(1)/(2)
350 560	346 400	1 000	1 012.009 238

（3）送股时的股本处理

假设股票C送股，全体股东每10股送10股，次日为除权基准日。股票B配股，全体股东每10股配4股，配股价8元，次日开始停牌。根据交易所除权除息规则，股票C的除权报价为20/(1+1)=10元，虽然股本发生了改变，但是由于报价也发生相应的改变，因此调整后的市值不会发生改变，如表1-9、表1-10所示。

表1-9 送股时的指数调整

股票	总股本	自由流通股本	自由流通比例调整	加权比例	股本	收盘价（元）	调整市值（元）
A	200 000	16 000	8%	8%	16 000	5.2	83 200
B	16 000	9 000	56%	60%	9 600	9.1	87 360
C	20 000	18 000	90%	100%	18 000	10	180 000

续 表

股票	总股本	自由流通股本	自由流通比例调整	加权比例	股本	收盘价（元）	调整市值（元）
						总调整市值	350 560

指数计算			
总调整市值（元）(1)	修正后总调整市值（元）(2)	原除数(3)	新除数 =(3)×(1)/(2)
350 560	350 560	346 400	346 400

经过一个交易日，计算指数如表 1-10 所示。

表 1-10 交易日(2)

股票	总股本	自由流通股本	自由流通比例调整	加权比例	股本	收盘价（元）	调整市值（元）
A	200 000	16 000	8%	8%	16 000	5.3	84 800
B	16 000	9 000	56%	60%	9 600	9.1	87 360
C	20 000	18 000	90%	100%	18 000	10.5	189 000
						总调整市值	361 160

指数计算			
总调整市值（元）(1)	除数(2)	基期指数(3)	收盘指数 =(3)×(1)/(2)
361 160	346 400	1 000	1 042.609 7

（4）配股时样本股除权的处理

股票 A 公开增发 2 000 新股，于次日上市，因股本变动的比例仅为 1%，不做临时调整；股票 C 自次日起长期停牌；股票 B 配股成功，次日为除权基准日，股票的除权报价为 $(9.1+8\times0.4)/(1+0.4)=8.786$，计算指数结果如表 1-11 所示。

第一章 股票价格指数编制与MSCI指数简介

表 1-11 配股的指数调整

股票	总股本	自由流通股本	自由流通比例调整	加权比例	股本	收盘价（元）	调整市值（元）
A	200 000	16 000	8%	8%	16 000	5.2	83 200
B	22 400	12 600	56%	60%	13 440	8.785	118 070
C	20 000	18 000	90%	100%	18 000	10.1	181 800
						总调整市值	383 070

指数计算			
总调整市值（元）(1)	修正后总调整市值（元）(2)	原除数(3)	新除数=(3)×(1)/(2)
361 160	383 070	346 400	326 587

经过一个交易日，计算指数结果如表 1-12 所示。

表 1-12 交易日(3)

股票	总股本	自由流通股本	自由流通比例调整	加权比例	股本	收盘价（元）	调整市值（元）
A	200 000	16 000	8%	8%	16 000	5.3	84 800
B	22 400	12 600	56%	60%	13 440	8.9	119 616
C	20 000	18 000	90%	100%	18 000	10.1	181 800
						总调整市值	386 216

指数计算			
总调整市值（元）(1)	除数(2)	基期指数(3)	收盘指数=(3)×(1)/(2)
386 216	326 587	1 000	1 182.582 283

(5) 增发新股的处理

股票 A 公开增发 10 000 新股，于次日上市，因总股本累计变动为 2 000＋10 000＝12 000 股，占比为 6%，需作临时调整；股票 B 次日复牌交易，计算指数结果如表 1-13 所示。

表 1-13 增发新股的指数调整

股票	总股本	自由流通股本	自由流通比例调整	加权比例	股本	收盘价（元）	调整市值（元）
A	212 000	28 000	13%	20%	42 400	5.3	224 720
B	22 400	12 600	56%	60%	13 440	8.9	119 616
C	20 000	18 000	90%	100%	18 000	10.1	181 800
						总调整市值	526 136
指数计算							
总调整市值（元）(1)		修正后总调整市值(元)(2)		原除数(3)		新除数＝(3)×(1)/(2)	
386 216		526 136		326 587		239 734	

经过一个交易日，计算指数结果如表 1-14 所示。

表 1-14 交易日(4)

股票	总股本	自由流通股本	自由流通比例调整	加权比例	股本	收盘价（元）	调整市值（元）
A	212 000	28 000	13%	20%	42 400	4.9	207 760
B	22 400	12 600	56%	60%	13 440	8.5	114 240
C	20 000	18 000	90%	100%	18 000	9.3	167 400
						总调整市值	489 400
指数计算							
总调整市值（元）(1)		除数(2)		基期指数(3)		收盘指数＝(3)×(1)/(2)	
489 400		239 734		1 000		2 041	

(6) 样本股调整的处理

股票 C 并购股票 B,股票 B 次日起退市,备选名单中 D 公司排序最靠前。计算指数结果如表 1-15 所示。

表 1-15 样本股调整的指数调整

股票	总股本	自由流通股本	自由流通比例调整	加权比例	股本	收盘价（元）	调整市值（元）
A	212 000	28 000	13%	20%	42 400	5.1	216 240
B	22 400	12 600	56%	60%	13 440	8.6	115 584
D	80 000	20 000	25%	30%	24 000	3.3	79 200
						总调整市值	411 024

指数计算			
总调整市值（元）(1)	修正后总调整市值（元）(2)	原除数(3)	新除数 =(3)×(1)/(2)
489 400	411 024	239 734	285 447

第二节 MSCI 指数简介

一、MSCI(明晟)公司

全球指数编制公司有很多,其中行业规模最大的前三家指数公司分别是 MSCI(明晟公司)、标普全球旗下的标普道琼斯指数公司以及伦敦交易所旗下的富时罗素公司。明晟公司于 1968 年由资本集团(Capital Group)设立,是三大指数编制公司中最年轻的一家,也是指数业务占比最大的一家公司,其推出的 MSCI 指数广为投资人参考。全球的投资专业人士,包括投资组合经理、经纪交易商、交易所、投资顾问、学者及金融媒体均会使用 MSCI 指数。明晟公司总部位于美国纽约，在瑞士日内瓦及新加坡设立办事处，并在英国伦敦、日本东京、中国香港和美国旧金山设立区域性代表处。明晟公司已经是一家股权、固定资产、对冲基金、股票市场等指数的供应商，旗下编制了多种指数供全球投资者使用。目前明晟公司在全球有 2 700 多名员工，在全球设有 36 个办公室。近几年来跟踪 MSCI 指数的 ETF 规模持续高增长，规模超过标普道琼斯和富时罗素两家竞争对手。

明晟公司也通过收购其他公司来拓展自己的业务范围，这有助于指数业务的发展。2004 年 6 月，明晟公司收购了专门从事研究开发投资组合风险工具的供应商 Barra 公司，该公司开发的全球领先的 Barra 风险模型专门用来分析投资组合的业绩，在国内外基金公司和投资部门中广泛使用。2010 年，明晟公司又收购了 RiskMetrics 集团，并将 RiskMetrics 集团的金融研究中心、投资战略价值顾问公司和 KLD 研究与分析有限公司（KLD Research & Analytics，Inc.）三者以及其他部门的相关机构组合成为 MSCI EGS 研究所。其中投资战略价值顾问公司是一家致力于将环境、社会和治理（ESG）因素引入金融分析、资产管理的投资顾问公司，而 KLD 研究与分析有限公司是一家为社会责任投资基金与管理机构提供工具的投资研究公司。MSCI EGS 研究所专业提供与环境、社会和治理相关的研究报告和分析工具，已经成为明晟公司新的利润增长点，其业务能力也是全球领先的。

明晟公司设有三个与指数编制相关的部门，分别是指数研究小组、指数委员会以及指数编制咨询委员会，其中指数研究小组主要负责指数的研究和分析工作，为研究国家和公司的指数投资策略等提供专业指导；指数委员会负责指数编制的指导工作，如指数成分股的调整、修正和维护等，其成员主要来自明晟公司或者指数研究小组；指数编制咨询委员会负责提供指数编制计算方法以及开发新的指数产品，举办全球资深专业投资人研讨会，研究 MSCI 指数编制中存在的问题以及改进的方法。该部门的成员来自全球的养老基金、资产管理公司以及高校研究指数的专家和学者。

二、MSCI 指数体系

MSCI 系列指数是全球领先的股票指数，在全球证券市场中有举足轻重的地位。以 MSCI 指数作为参考基准的金融资产规模在不断扩大。截至 2023 年 1 月，以 MSCI 指数为基准的金融资产已经超过 18 万亿美元，而且还在不断增加，其中约 5 万亿美元资产是以 MSCI 新兴市场指数为基准。同时，全球跟踪 MSCI 指数的 ETF 资产管理规模达到 1 万亿美元，约有 1 370 家 ETF 基金跟踪 MSCI 指数，全球 MSCI 指数 ETF 的资产规模迅速扩大，尤以新兴市场增长最快，MSCI 指数在全球权益类指数提供商中的占比达到 23%。MSCI 指数是全球金融市场的风向标，吸引了全球顶尖的投资群体，MSCI 指数用户的地域分布范围广泛，遍布全球 89 个国家（地区），而且全球最顶尖的投资者对 MSCI 指数表现出一致青睐，财富排名全球前 100 的投资者中，有 91 个是 MSCI 指数的客户，资产规模排名全球前 100 的对冲基金中，有 77 家在使用 MSCI 指数。

（一）MSCI 指数的特点

MSCI 指数之所以能够获得国际机构法人和投资者的认同和青睐，主要是由于 MSCI 指数具有下列几个重要的特点。

(1) 客观性。明晟公司采用系统科学的方法编制和维护指数,指数的计算精度高达99.96%,而且明晟公司旗下所有的指数采用相同的编制方法,指数之间具有较高的可比较性,投资者能作出客观的判断。

(2) 可复制性。MSCI指数以自由流通市值作为权重,而且入选股票均具备一定的自由流通市值规模,对于国际投资者而言具有较高的可投资性,指数复制性较高。

(3) 全面性。MSCI指数种类丰富多样,国际化程度较高,涵盖了全球绝大多数具有投资吸引力的股票市场。

(4) 实用性。明晟公司在指数编制的计价单位上,除了采用当地货币计价的编制指数外,也会同时编制以美元计价的股价指数,这样就避免了汇率的影响,能够满足各种国际投资者的需求。

(5) 及时性。考虑到有些国家(地区)政治经济及法律限制的改变会对金融市场产生影响,进而影响公司的股票价格,明晟公司会对旗下的股票价格指数中的成分股及时作出调整和修正。

(6) 公开性。明晟公司所编制的指数,都会在其公司官网进行公布,并通过国际媒体如彭博和路透等传播给世界各地的投资者。

(二) MSCI指数的编制方法

明晟公司采用统一的全球可投资市场指数(GIMI)编制方法,"自上而下",以"搭积木"式的框架来编制不同的指数系列,可分为如下两步进行。

第一步:"自上而下"的视角。明晟公司在编制指数时,要确定发达或新兴市场整体符合入选条件的股票池,然后相应地将这些股票划入不同区域和国家、规模、行业和风格等子指数。

明晟公司从可投资股票的角度,依据国家或地区经济发展水平、境外投资者的市场准入的难易程度以及股票市场规模和流动性标准,将全球市场分为发达市场、新兴市场、前沿市场和独立市场,其股票市场成熟度从高到低依次是:发达市场>新兴市场>前沿市场>独立市场。详细的分类标准见表1-16。其中,经济发展水平标准仅用于确定是否为发达市场,股票市场规模和流动性要求是 MSCI 全球标准指数的最低投资要求,境外投资者市场准入旨在反映境外投资者在该经济体股票市场投资的难易程度,有适中、高和极高等级别。这些标准也是明晟公司全球市场准入审查期间每年至少对所有市场进行一次审查的质量衡量标准。

表1-16 MSCI 国家(地区)股票市场的分类标准

	指 标	发达市场	新兴市场	前沿市场	独立市场
经济发展水平	经济发展的可持续性	连续三年人均国民(地区)收入超过世界银行高收入门槛值25%	没有要求	没有要求	没有要求
股票市场规模和流动性	符合下列指标公司数目(大于等于)	5家	3家	2家	1家
	公司规模(单位:百万美元)	2 964	1 482	741	370
	公司证券规模(单位:百万美元)	1 482	741	370	185
	公司证券流动性(年度交易价值比ATVR大于等于)	20%	15%	10%	10%

续 表

指　　标		发达市场	新兴市场	前沿市场	独立市场
境外投资者市场准入难易程度	开放外资程度	极高	高	适中	适中
	资本流入/流出的容易程度	极高	高	适中	适中
	业务框架的效率	极高	良好	适中	适中
	竞争环境	不受限制	高	高	适中
	体制框架的稳定性	极高	适中	适中	适中

目前MSCI国家或地区指数涵盖了23个发达市场、24个新兴市场、21个前沿市场以及13个独立市场，而且每个市场都可以组成相对应的市场指数，如23个发达市场组成MSCI发达市场指数（也称为MSCI世界指数）、24个新兴市场组成了MSCI新兴市场指数、21个前沿市场组成了MSCI前沿市场指数等。同时，23个发达市场与24个新兴市场组成了MSCI全球市场指数，24个新兴市场与21个前沿市场组成了MSCI新兴和前沿市场指数。

不同指数公司对于国家（地区）股票市场的分类有所不同。例如，明晟公司与富时指数公司关于国家（地区）的股票市场成熟度分类有些差异，明晟公司将韩国和波兰归类为新兴市场，而富时指数公司将韩国和波兰列为发达股票市场。跟踪MSCI新兴市场指数的ETF基金可以配置韩国和波兰股票市场的股票，但是跟踪富时新兴指数的ETF基金则不能配置韩国和波兰股票市场的股票，因此投资者在资产配置时要分清楚不同指数公司对新兴市场的分类。总体来讲，MSCI新兴市场指数较富时新兴市场指数包含的个股数量更多，波动率也更低。

第二步是"搭积木"式的框架。MSCI市值加权指数系列是自上而下构建的,上层指数包含下层指数,下层指数是上层指数的子集,不同的指数均可视为若干子指数的合集。参见图1-1所示MSCI指数体系框架。

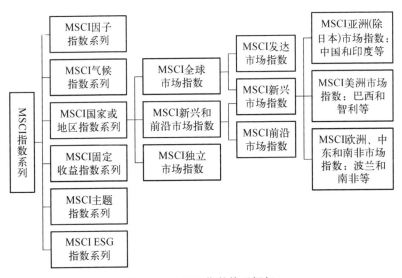

图1-1　MSCI指数体系框架

这种指数构建方式意味着中国A股纳入MSCI指数不仅仅是纳入一个指数,而且是同时纳入一系列指数。中国A股分别纳入MSCI全球指数、MSCI新兴市场指数、MSCI亚洲市场(除日本)指数和MSCI中国指数。而且中国A股和印度等国家或地区股票都可以看成搭建MSCI全球指数、MSCI新兴市场指数、MSCI亚洲市场(除日本)指数等指数的小积木,MSCI指数体系就是由这些小积木搭建起来的,供全球投资者追踪和资产配置。

明晟公司对每类市场都发布了行业分类指数,表1-17、表1-18中列出了MSCI新兴市场的部分一级和二级行业指数。

表 1-17 MSCI 新兴市场的部分一级行业指数

指数代码	指 数 名 称	英 文 名 称
106847.MI	MSCI 新兴市场/能源 I 指数	EM/ENERGY I
106848.MI	MSCI 新兴市场/原材料 I 指数	EM/MATERIALS I
106849.MI	MSCI 新兴市场/工业指数	EM/INDUSTRIALS
106850.MI	MSCI 新兴市场/非日常消费品指数	EM/CONSUMER DISCR
106851.MI	MSCI 新兴市场/日常消费品指数	EM/CONSUMER STAPLES
106852.MI	MSCI 新兴市场/医疗保健指数	EM/HEALTH CARE
106853.MI	MSCI 新兴市场/金融指数	EM/FINANCIALS
106854.MI	MSCI 新兴市场/信息科技指数	EM/INFORMATION TECH
106855.MI	MSCI 新兴市场/电信业务 I 指数	EM/TELECOM SVC I
106856.MI	MSCI 新兴市场/公用事业 I 指数	EM/UTILITIES I

表 1-18 MSCI 新兴市场的部分二级行业指数

指数代码	指 数 名 称	英 文 名 称
106857.MI	MSCI 新兴市场/能源 II 指数	EM/ENERGY II
106858.MI	MSCI 新兴市场/原材料 II 指数	EM/MATERIALS II
106860.MI	MSCI 新兴市场/资本商品指数	EM/CAPITAL GOODS
106861.MI	MSCI 新兴市场/运输指数	EM/TRANSPORTATION
106862.MI	MSCI 新兴市场/商业与专业服务指数	EM/COMML & PROF SVC

续 表

指数代码	指 数 名 称	英 文 名 称
106863.MI	MSCI新兴市场/汽车与汽车零部件指数	EM/AUTO &. COMPONENTS
106864.MI	MSCI新兴市场/家庭与个人用品指数	EM/HOUSE &. PERS PROD
106865.MI	MSCI新兴市场/消费者服务指数	EM/CONSUMER SVC
106866.MI	MSCI新兴市场/零售业指数	EM/RETAILING
106867.MI	MSCI新兴/媒体Ⅱ指数	EM/MEDIA Ⅱ
106868.MI	MSCI新兴市场/食品饮料与烟草指数	EM/FOOD BEV &. TOBACCO
106870.MI	MSCI新兴市场/生物制药科技与生命科技指数	EM/PHARM BIO &. LIFE SCI
106871.MI	MSCI新兴市场/医疗保健设备与服务指数	EM/H CARE EQUIP &. SVC
106872.MI	MSCI新兴市场/银行指数	EM/BANKS
106873.MI	MSCI新兴市场/保险Ⅱ指数	EM/INSURANCE Ⅱ
106874.MI	MSCI新兴市场/综合金融指数	EM/DIVERS FINANC
106875.MI	MSCI新兴市场/房地产指数	EM/REAL ESTATE
106876.MI	MSCI新兴/技术硬件与设备指数	EM/TECH HARD &. EQUIP
106877.MI	MSCI新兴/软件与服务指数	EM/SOFTWARE &. SERVICES
106878.MI	MSCI新兴市场/电信业务Ⅱ指数	EM/TELECOM SVC Ⅱ
106879.MI	MSCI新兴市场/公用事业Ⅱ指数	EM/UTILITIES Ⅱ
106889.MI	MSCI新兴市场/食品与主要用品零售Ⅱ指数	EM/FOOD &. STAPLES RETL Ⅱ

续 表

指数代码	指 数 名 称	英 文 名 称
106903.MI	MSCI新兴市场/耐用消费品与服装指数	EM/CONS DUR & APPAREL
778415.MI	MSCI新兴市场/半导体产品与设备Ⅱ指数	EM/SEMI & SEMI EQUIP Ⅱ
778415L.MI	MSCI新兴市场/半导体产品与设备Ⅱ指数(Local)	MSCI EM/SEMI & SEMI EQUIP Ⅱ (Local)

(三) MSCI指数编制的选股参考因素和选股过程

1. 选股参考因素

为了创建全球市场的可投资代表指数,明晟公司要求股票必须是可投资的,且有足够的流动性以及能被国外投资者获得,同时根据最小市值规模要求、最小自由流通市值要求、最低流动性要求、全球最小外资自由流通系数要求(foreign inclusion factor,FIF)、最短交易时间要求、最小外资持有比例要求来确定市场可投资股票的样本空间。

(1) 确定最小市值规模:把样本空间中各公司总市值按降序排列,然后按顺序叠加各公司自由流通市值,当累计叠加自由流通市值覆盖率达到99%的全流通市值时,所对应的公司总市值即是最小市值规模。

(2) 确定最小自由流通市值:股票样本自由流通市值不小于最小市值规模要求的50%。

(3) 最低流动性要求:对于新兴市场来说,12个月和3个月的年化交易额比例须达到15%,同时3个月交易频率在最近连续四个季度期间须达到80%。

(4) 全球最小外资自由流通系数要求：可供国际投资者在公开股票市场购买的已发行股份所占的比例必须大于15%。

(5) 最短交易时间要求：样本股入选指数前至少已交易四个月。

(6) 最小外资持有比例要求：有外资持股上限的股票，其可供外资增持的股票占外资持股上限的比例必须大于15%。

2. 选股过程

MSCI指数编制的选股步骤有定义股票空间、确定股票流动市值、行业分类以及构建MSCI指数等，具体内容见表1-19。

表1-19 MSCI指数选股过程

选股步骤	具 体 内 容
定义股票空间	以国家(地区)为基本单位编制指数，每一公司仅归属于一个国家(地区)
确定股票流通市值	对于该国家(地区)的每一上市公司，确定国际投资者可自由买卖流通在外的公司股份市值(自由流通市值)
行业分类	按照全球行业分类标准对上市公司进行行业分类
构建指数	采用自下向上的方法构造指数，即在行业的层次，依次加入自由流通市值较大的股票，使每行业的入选股票的自由流通市值达到该行业的85%
微调入选股票	对各行业中的入选股票进行微调，使入选股票的自由流通市值达到整个市场的85%以上

(四) MSCI指数系列的种类

明晟公司是全球领先的投资决策支持工具提供商，提供的产品和服务包括指数、组合风险与业绩分析工具等。截至2023年8月，MSCI指数系列大约包含3 100只指数，是一个相当复杂的指数体系,MSCI 指数系列的种类大致有六种,分别是:MSCI 国家或地区指数系列、MSCI 因子指数系列、MSCI ESG 指数系列、MSCI 气候指数系列、MSCI 固定收益指数系列以及 MSCI 主题指数系列等,见表 1-20。与以往 MSCI 指数系列相比,明晟公司对主题指数系列做了非常大的改进,突出反映了投资者关注的全球热点问题以及对未来世界的思考,编制了未来能源、空间探索、金融科技、人工智能以及生命科学等主题的 MSCI 指数。

表 1-20 MSCI 指数系列的种类

MSCI 国家或地区指数系列	MSCI 全球市场指数
	MSCI 新兴和前沿市场指数
	MSCI 独立市场指数
MSCI 因子指数系列	波动率因子(MSCI 最小波动率指数)
	收益率因子(MSCI 高股息收益率指数)
	规模因子(MSCI 规模指数)
	动量因子(MSCI 动量因子指数)
	增长因子(MSCI 增长目标指数)
	质量因子(MSCI 质量指数)
	价值因子(MSCI 价值指数)
MSCI ESG 指数系列	MSCI ESG 关注指数(MSCI ESG Focus Indexes)
	MSCI ESG 可持续金融指数(MSCI ESG Sustainable Finance Indexes)
	MSCI ESG 广泛指数(MSCI ESG Universal Indexes)
	MSCI ESG 责任投资指数(MSCI ESG SRI Indexes)
	MSCI ESG 领导者指数(MSCI ESG Leaders Indexes)

续 表

MSCI 气候指数系列	MSCI 气候行动指数(MSCI Climate Action Indexes)
	MSCI 全球环境指数(MSCI Global Environment Indexes)
	MSCI 全球低碳目标指数(MSCI Global Low Carbon Target Indexes)
	MSCI 全球低碳领导者指数(MSCI Global Low Carbon Leaders Indexes)
	MSCI 气候变化指数(MSCI Climate Change Indexes)
MSCI 固定收益指数系列	MSCI 主权债券指数(MSCI Sovereign Bond Indexes)
	MSCI 国债指数(MSCI Government Bond Indexes)
	MSCI 地方政府债券指数(MSCI Provincial Bond Indexes)
	MSCI 公司债指数(MSCI Corporate Bond Indexes)
MSCI 主题指数系列	MSCI 全球数字资产指数(MSCI Global Digital Asset Indexes)
	MSCI 全球循环经济指数(MSCI Global Circular Economy Indexes)
	MSCI 生物技术进步指数(MSCI Biotech Advance Indexes)
	MSCI 病毒学指数(MSCI Virology Index)
	MSCI 中国科技 100 指数(MSCI China Tech 100 Index)
	MSCI 全球可投资金融科技创新指数(MSCI ACWI IMI Fintech Innovation Index)
	MSCI 全球可投资供应链经济指数(MSCI ACWI IMI Blockchain Economy Index)
	MSCI 全球可投资机器人和 AI 指数(MSCI ACWI IMI Robotics & AI Index)
	MSCI 全球可投资空间探索指数(MSCI ACWI IMI Space Exploration Index)
	MSCI 全球可投资氢能和未来燃料指数(MSCI ACWI IMI Hydrogen and Future Fuels Index)
	MSCI 全球可投资智慧城市指数(MSCI ACWI IMI Smart Cities Index)

每个MSCI指数系列本身就比较复杂,还能复合其他因素形成更加复杂的指数。例如MSCI固定收益指数系列,表1-20中只是从债券发行人的角度,列出了主权债券、国债、地方政府债券以及公司债等MSCI指数,还可以结合债券的收益率以及货币类型进一步细分,如MSCI加拿大元高收益率公司债指数(MSCI CAD HY Corporate Bond Index)、MSCI欧元高收益率公司债指数(MSCI EUR HY Corporate Bond Index),同时MSCI固定收益指数系列还可以加入其他因素形成新的指数,如加入气候因素的MSCI加拿大元投资级别的气候变化公司债指数(MSCI CAD IG Climate Change Corporate Bond Index)、加入ESG因素的MSCI加拿大元投资级别的ESG领导者公司债指数(MSCI CAD IG ESG Leaders Corporate Bond Index)以及加入价值因子的MSCI欧元投资级别的价值型公司债指数(MSCI EUR IG Value Corporate Bond Index)等。

(五)常用的MSCI指数

1. MSCI新兴市场指数

为了反映全球新兴市场的发展,增加全球投资者对新兴股票市场的投资热情,1988年,明晟公司编制了MSCI新兴市场指数,同年阿根廷、巴西、墨西哥、泰国等10个国家或地区一次性纳入MSCI新兴市场指数,这10个国家或地区的股票市值只占当时全球股票市值的0.1%。随着新兴股票市场的发展,特别是中国A股纳入MSCI新兴市场指数,到2023年8月,MSCI新兴市场指数已经涵盖了24个新兴国家或地区,占全球市值的比重也达到了11%左右,其中中国大陆对MSCI新兴市场指数的贡献最大,达到了30%左右。

2023年8月,MSCI新兴市场指数大约含有1 400只成分股,市值前10位的就有4家中国大陆的公司,分别是腾讯、阿里巴巴、美团以及中国建设银行股份有限公司。MSCI新兴市场指数成分股行业比较分散,其中金融、信息技术和消费行业排在前三位,如图1-2。

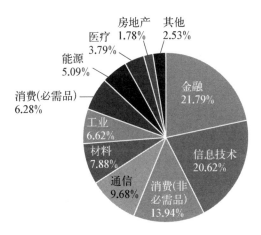

图1-2　MSCI新兴市场指数成分股行业占比

明晟公司编制的MSCI新兴市场指数可以看作全球资本市场的一项重要的基础设施,在一定程度上推动了新兴经济体的资本市场的发展,促进了新兴经济体资本市场的完善,提高了新兴经济体资本市场的国际化水平。MSCI新兴市场指数能够比较全面地反映新兴经济体股票市场的变化,是全球投资者评估新兴股票市场的重要工具,这也是本书后面选取MSCI新兴市场指数代表整体新兴股票市场的原因。

2. MSCI因子指数系列

在投资领域中,因子是用来解释资产的长期风险和回报表现的特征。MSCI因子指数是基于公开公平的原则建立起来的一系列指数,而且结合了许多学者的研究结果,以有利于因子特征的股票为目标,旨在实现简单、可复制性,并用于传统的指数化和资产配置,用来捕捉长期表现出的超额市场利润的因子回报。

MSCI因子指数系列中常用的因子有收益率、波动率、规模、动量、增长、质量、价值及其组合等。针对不同的因子,明晟公司编制了相关的因子指数,下面作一些介绍。

(1) 收益率因子

与收益率因子相关的指数是 MSCI 高股息收益率指数(the MSCI High Dividend Yield Indexes),该指数关注高股息收益率公司以及股息具有可持续性、股息持久性和高质量的公司。

收益率(或高股息收益率)投资策略近年更加关注那些被低估、股息稳定且不断增加风险敞口的公司,因此高收益股票策略也可能遭遇各种"收益陷阱",比如那些源于暂时性的高收益、高支出或股价下跌的陷阱。只有那些股息收益率比母公司高出 30% 的子公司才能包括在 MSCI 高股息收益率指数中,该指数关注公司的两个指标:第一是股息可持续性指标,通过该指标排除股息支付极高或为负数(因此未来股息支付可能处于危险之中)的证券,以及因股价暴跌而没有基本面支持的高股息收益率证券,同时排除没有持续股息支付良好历史记录的股票;第二是公司质量指标,将那些估值低、资产负债表不佳、可能陷入"价值陷阱"的公司排除在外。

自 1999 年以来,MSCI 高股息收益率指数的长期回报率一直高于 MSCI 指数,年回报率为 0.9%。MSCI 高股息收益率指数旨在代表历史上表现稳定且股息不断增加的公司的业绩,同时降低价值陷阱的风险。对于固定收入以外的收益率寻求者来说,股票收益率指数提供了许多有吸引力的属性,如防御性收入、长期正风险溢价与其他因子组合的多样化。

（2）波动率因子

与波动率因子相关的指数是 MSCI 最小波动率指数（the MSCI Minimum Volatility Indexes），战术投资者多用该指数来降低市场低迷期间的风险。

最小波动率因子是由经济学家费希尔·布莱克于 20 世纪 70 年代初提出的。战术投资者使用 MSCI 最小波动率指数来降低市场低迷期间的风险，同时保持对股票的风险敞口。一种理论认为，投资者对低波动性股票支付过低，认为它们回报较低，而对高波动性股票支付过高，因为高波动性股票被视为获得更高回报的长期机会。另外一种理论认为，投资者可能对自己预测未来的能力过于自信，他们对高波动性股票的意见分歧更大，这些股票的未来收益难以预测，导致投资者的未来回报具有很大的波动性。

最小波动率策略包括根据对股票波动性的估计以及与其他股票的相关性来购买股票，是一种防御型的策略，能在经济紧缩期间受益。这种策略更关心波动性管理，而不是收益最大化。最小波动性策略的关键目标是捕捉区域和全球风险较低的股票。MSCI 最小波动率指数在重大市场低迷时期相对于其母指数实现了较低的波动性和收益率。

实现最小波动率策略的主要方法分为两种，一种是波动率简单排序法，另一种是基于优化波动率的分组方案。第一种方法是根据股票的预期波动性对股票进行排名，选择波动率较小的股票。这种方法忽略了股票波动率之间的相关性，影响波动率策略的效果。另一种是基于优化的方法，考虑股票波动率相关性的影响，即股票同步波动的幅度和程度，该策略效果比第一种好。

1999 年以来，MSCI 最小波动率指数的长期历史回报率超过 MSCI 指数，年回报率达 1.84%。波动率因子是在动荡的市场中表现良好的少数因子之一,是资本保全的一种手段。虽然MSCI最小波动率指数可能会意外地受到其他因素的影响,但基于优化的最小波动率策略已经过校准,能实现国家、行业和风险暴露的目标水平,而不会显著增加波动性风险本身。MSCI最小波动率指数能在给定的一组约束条件下,最小化绝对风险,最大限度地降低意外风险和敞口,从而降低投资者投资组合的波动性。

(3) 规模因子

与规模因子相关的指数是MSCI规模指数。芝加哥大学的罗尔夫·班兹(Rolf Banz)在1981年发现了美国股票规模因子的规模效应。他认为,这种规模效应源于资本资产定价模型的缺陷以及股票分析师掌握公司信息的不充分。此后,规模因子的投资一直是投资过程中不可或缺的一部分。基于透明的编制规则的规模因子指数已成为投资者获得规模溢价的有效工具。从长期来看,规模因子能反映小盘股跑赢大公司的趋势,因此规模因子被归类为"顺周期"因子,这意味着它往往在经济扩张期间受益。MSCI规模指数倾向于相对于基准母公司指数对较小的成分股公司进行加权或者指数成分在每个再平衡日期都得到同等加权,有效地消除了该成分价格(高或低)对指数的影响。

1999年以来,MSCI规模指数的长期历史回报率超过MSCI指数,年回报率达 1.65%。受益于经济的增长以及美国股票的上升,规模因子指数一直是基金公司和ETF跟踪的对象,为投资者提供了获得市场规模因子溢价的投资策略。

(4) 动量因子

与动量因子相关的指数是MSCI动量因子指数。动量因子是指在短期内上涨股票继续表现向好的趋势。动量被归类为"持续性"因素等,即它往往受益于市场的持续趋势。学者们于

1993年发现并实证了美国市场上的动量因子溢价。他们发现,买入表现良好的股票和卖出表现不佳的股票的策略会在3—12个月的持有期内产生显著的正回报。尽管有各种各样的理论试图解释动量因子,但它也许不如其他因素那样好理解。有的人认为,它是承担高风险的补偿;也有人认为,这可能是对公司特定信息的延迟价格反应导致的市场效率低下造成的。明晟公司的研究表明,从历史角度来看,动量因子是超额回报的最强因素之一,通常在以潜在市场趋势中的长期循环为特征的宏观环境中表现出色。

1999年以来,MSCI规模指数的长期历史回报率超过MSCI指数,年回报率达1.38%。动量因子是进行资产投资时要考虑的重要因素。然而,动量策略有时会受到崩盘和可投资性限制的困扰。明晟公司开发了MSCI动量指数,旨在根据风险调整后的表现来瞄准证券,目的是缓解动量崩盘,减少不必要的成交量。

(5) 增长因子

与增长因子相关的指数是MSCI增长目标指数。增长策略是一种公认的投资策略,在风险预测中具有很强的解释力。增长因子利用历史收益、销售额和预测收益来捕捉公司业绩的增长前景,并被积极的经理用作阿尔法收益的潜在来源。但这种方法选择出来的高增长资产也可能具有高估值、高波动性、低收益率和低质量,这可能对投资组合的业绩产生负面影响。MSCI增长目标指数控制意外风险和敞口,并扩展了合理价格增长(GARP)的概念,以寻求合理的波动性、收益率和质量水平。

增长投资,也称为资本增长或资本增值,是一种流行的投资策略,可追溯到20世纪50年代,是积极的基金经理最直观、实践应用最广泛的投资理念之一。增长策略是一种公认的投资策略,在风险预测中具有很强的解释力。而且它独立于其他规模或行业因子的纯增长因子显示出诱人的长期回报。由于增长因子与其他因子一般是低相关或负相关的，因此投资者可以结合其他因子进行多因子投资组合。

自1999年以来，MSCI增长目标指数的长期历史回报率超过MSCI世界指数，年回报率为1.43%。成长股可以被定义为与行业或市场相比，销售额、收益或利润率预计将高于平均水平的公司的股票。明晟公司创建的MSCI增长目标指数，使用优化方法捕捉增长因素，同时也限制可能降低增长溢价的意外风险，是机构投资者非常喜欢跟踪的一种指数。

（6）质量因子

与质量因子相关的指数是MSCI质量指数。质量因子被描述为捕捉具有持久商业模式和可持续竞争优势的公司的因子。质量因子被归类为一种防御性因素，这意味着它往往在经济紧缩时期受益。质量因子有助于解释低杠杆、稳定收益和高盈利的股票的走势。MSCI质量指数采用三个基本变量来捕捉质量因素：第一个是股本回报率（显示公司如何有效地利用投资来创造收益增长）；第二个是债转股（衡量公司杠杆的指标）；第三个是收益可变性（收益增长的平稳性）。

自1999年以来，MSCI质量指数的长期回报率一直高于MSCI指数，年回报率为1.79%。MSCI质量指数旨在反映具有持久商业模式和可持续竞争优势的公司的绩效，可以通过配置那些净资产收益率高、收益稳定、资产负债表强劲、财务杠杆低的公司股票来实现。

（7）价值因子

与价值因子相关的指数是MSCI价值指数。明晟公司衡量公司价值采用以下几个财务指标:股票价格相对于公司收益的倍数、股价相对于支付股息的倍数以及公司市值相对于公司账面价值的倍数等比例相对数。MSCI 价值指数在行业相对基础上应用三个估值比率来捕捉价值因子:第一个是远期价格与收益(预期市盈率 Fwd P/E);第二个是企业价值/运营现金流(EV/CFO);第三个是价格对账面价值(P/B)。该指数旨在解决价值投资的陷阱问题,其中包括"价值陷阱"——看似便宜但实际上价格不会上涨的股票。分析表明,使用远期收益(市盈率)有助于防范价值陷阱,而企业价值等整体公司估值指标降低了高杠杆公司(那些借入大量资金的公司)的集中度。许多投资者使用这种方法来识别他们期望市场重估的资产。

自 1999 年以来,MSCI 价值指数的长期历史回报率超过 MSCI 指数,年回报率达 3.1%。价值投资的前提是识别那些价格似乎被低估于其内在价值的股票。MSCI 价值指数研究发现,利用上述三个估值比率,能非常好地捕捉价值因子。

(六) MSCI 指数的审议与维护

明晟公司例行的指数审议与维护会议有两种:一种是半年度审议会议,一般在每年 5 月和 11 月份举行;另一种是季度审议会议,一般在每年 2 月和 8 月份举行。半年度审议会议要全面考察与维护 MSCI 指数的股票样本空间,更新确定全球最小股票市值的标准以及不同市值规模指数标准等,而且每年 11 月份的半年度会议会较大范围地调整各 MSCI 指数的成分股。季度审议会议关注突发的各种重大的政治和经济事件,评估这些事件对股票市场的影响,也会增加和减少 MSCI 指数的成分股,同时为邻近的 MSCI 指数半年度审议会议作准备。表 1-21 中列出了两种 MSCI 指数审议会议的异同。

表 1-21　MSCI 指数半年度和季度审议会议的基本内容

	半年度审议会议	季度审议会议
是否根据公司的市值，更新公司所属的市值规模指数？	是	是
是否更新公司的外资纳入因子和公司股本数？	是	是
是否使用"缓冲区"来管理不同市值规模区间的变化？	是	是
是否重新计算股票样本空间最小市值规模与全球最小规模参考值？	是	否
是否重新评估每个市场的规模区间的划分值以及市值规模区间的公司数？	是	仅重新计算市场规模区间的划分值
是否覆盖所有新的合格公司从而更新股票样本空间？	是	除非有超大型公司被纳入指数，否则不更新股票样本空间

　　MSCI 指数半年度和季度审议会议都会对 MSCI 指数的成分股进行调整。例如 2023 年 5 月 12 日，明晟公司发布 2023 年 5 月份 MSCI 指数审议结果，对 MSCI 全球标准指数（旗舰指数）、MSCI 新兴市场指数、MSCI A 股在岸指数和 MSCI 中国全股票指数等的成分股进行了调整。在本次调整中，MSCI 中国全指数新增 260 只证券，删除 48 只证券，变更于 2023 年 5 月 31 日收盘起生效。2023 年 8 月 11 日，明晟公司发布了 2023 年 8 月份 MSCI 指数季度审议结果。在本次调整中，MSCI 中国全指数新增 177 只证券，删除 46 只证券，变更于 2023 年 8 月 31 日收盘起生效。可以看出，相对于 MSCI 指数的季度审议会议，MSCI 指数的半年度审议会议对 MSCI 指数的成分股调整幅度大，半年度审议会议

的审议范围更大、更严格,如果公司满足表 1-22 中的任意一条,则明晟公司将从 MSCI 指数中剔出该公司。

表 1-22　MSCI 指数半年度和季度审议会议剔除公司标准

	半年度审议会议	季度审议会议
三个月交易频率	小于 70%	小于 70%
三个月的年化交易额比例	小于 5%	小于 5%
12 个月的年化交易额比例（ATVR）	小于 10%	不作考察
外资自由流通系数（FIF）	小于 15%	不作考察
自由流通市值	小于所要求门槛值的三分之一	不作考察
公司总市值	小于所要求门槛值的三分之二	小于所要求门槛值的一半

可以看出,明晟公司对于 MSCI 指数的成分股要求非常严格,而且审核的频率很高,达不到标准就会被剔除出指数,这迫使上市公司提高自身经营和管理水平,对接国际化标准,因此纳入 MSCI 指数对提高上市公司质量有非常明显的作用。

三、MSCI 中国指数系列

随着中国经济的高速发展,2019 年,明晟公司将中国 A 股在 MSCI 新兴市场指数中的纳入因子从 5% 提高到 20%。2022 年,中国 GDP 达到了 17.96 万亿美元,占全球的 17.86%,GDP 增长速度一直处在世界的前列,我国股票市场占 MSCI 新兴市场指数的比重逐年增加,在新兴市场投资组合中的规模不断扩大,吸引了全球投资者的目光,配置中国证券资产的需求越来越强。为满足投资者的需求,明晟公司编制了 MSCI 中国指数系列,MSCI 中国指数系列在明晟公司网站上单独列了一栏,可见明晟公司对中国市场非常重视。MSCI 中国指数系列包括旗舰指数系列、主题指数系列、行业指数系列以及 ESG 指数系列等,这里只介绍前两种。

(一) MSCI 中国旗舰指数系列

MSCI 中国指数系列含有两种旗舰指数系列,一种是针对中国 A 股的 MSCI 中国 A 股指数系列,另外一种是含有中国海外上市公司的 MSCI 中国指数系列。在 2018 年 6 月中国 A 股没有纳入 MSCI 指数以前,MSCI 中国指数系列不含有中国 A 股,为了方便国际投资者,部分指数加入了中国 A 股。表 1-23 中列出了两种旗舰指数系列中比较常用的 MSCI 中国重要指数。

表 1-23 MSCI 中国重要指数

	指数代码	指数名称	指数简介
MSCI 中国 A 股指数系列	746059.MI, 735577.MI, 735577L.MI	MSCI 中国 A50 互联互通指数(人民币、离岸人民币和美元)	涵盖在沪深交易所上市及可通过互联互通北向渠道投资的 50 只大型中国 A 股
	716567.CSI, 716567.MI	MSCI 中国 A 股国际通实时指数(人民币和美元)	涵盖了逐步纳入 MSCI 新兴市场指数的中国 A 股
	133333.CSI	MSCI 中国 A 股指数	涵盖了上海和深圳证券交易所大中盘股
	718711L.MI, 718711.MI	MSCI 中国 A 股指数(人民币和美元)	涵盖了互联互通机制中的上海和深圳证券交易所大中盘股

续　表

	指数代码	指数名称	指数简介
MSCI中国指数系列	704844L.MI, 704844.MI	MSCI中国全指(人民币和美元)	涵盖了中国A股、H股、B股、红筹股、P筹股和海外上市公司(如美国存托凭证)的大中盘股
	302400L.MI, 302400.MI	MSCI中国指数(人民币和美元)	涵盖了中国H股、B股、红筹股、P筹股和海外上市公司(如美国存托凭证)的大中盘股
	712129.MI, 712129L.MI	MSCI沪港深指数(人民币和美元)	涵盖了中国H股、红筹股、民企股、HSBC港股、香港市场股票以及在上交所和深交所上市的中国股票
	704843L.MI, 704843.MI	MSCI中国A股国际指数(人民币和美元)	涵盖了纳入MSCI新兴市场指数中的中国A股和海外上市公司股票

资料来源：Wind数据库。

为了满足不同投资者的需求，明晟公司在编制指数时，除了编制以当地货币计价的MSCI指数，同时也编制以美元计价的MSCI指数，特别地，编制MSCI中国A50互联互通指数用了人民币、离岸人民币和美元三种货币，这说明明晟公司对中国A股市场非常重视。同时，我国的中证指数公司也编制了很多指数，如MSCI中国A股指数(证券代码：133333.CSI)和MSCI中国A股国际通实时指数(人民币)(证券代码：716567.CSI)，两者也入选了MSCI中国重要指数，但数量偏少。我国还需加强指数方面的研究和投入，编制出有国际影响力的指数，供全球投资者使用和跟踪。

(二) MSCI中国主题指数

中国经济的持续增长，给国内外投资者带来了丰厚的投资回报。我国目前持续加大科技创新和研发投入，大力进行创新型国家建设，升级产业结构，攻克核心科技瓶颈，推动经济高质量发展，增强中国经济的韧性。为了让投资者更加方便地把握中国经济的未来走势，搭上中国经济腾飞的顺风车，捕捉到有望推动中国经济增长的行业及核心公司，明晟公司编制了10个MSCI中国主题指数，分为技术创新、社会与生活方式以及资源与环境三个类别，每个MSCI主题指数都用美元和人民币两种计价方式编制。见表1-24。

表1-24 MSCI中国主题指数

	人民币计价指数	美元计价指数
技术创新	MSCI中国A股在岸可投资市场颠覆性科技指数 MSCI China A Onshore IMI Disruptive Technology Index	MSCI中国全股可投资市场颠覆性科技指数 MSCI China All Shares IMI Disruptive Technology Index
	MSCI中国A股在岸可投资市场机器人指数 MSCI China A Onshore IMI Robotics Index	MSCI中国全股可投资市场机器人指数 MSCI China All Shares IMI Robotics Index
	MSCI中国A股在岸可投资市场数字经济指数 MSCI China A Onshore IMI Digital Economy Index	MSCI中国全股可投资市场数字经济指数 MSCI China All Shares IMI Digital Economy Index
	MSCI中国A股在岸可投资自动化技术和产业创新指数 MSCI China A Onshore IMI Autonomous Technology & Industrial Innovation Index	MSCI中国全股可投资自动化技术和产业创新指数 MSCI China All Shares IMI Autonomous Technology & Industrial Innovation Index
	MSCI中国A股在岸可投资市场下一代互联网创新指数 MSCI China A Onshore Next Generation Internet Innovation Index	MSCI中国全股可投资市场下一代互联网创新指数 MSCI China All Shares Next Generation Internet Innovation Index

续　表

	人民币计价指数	美元计价指数
社会与生活方式	MSCI 中国 A 股在岸可投资市场智慧城市指数 MSCI China A Onshore IMI Smart Cities Index	MSCI 中国全股可投资市场智慧城市指数 MSCI China All Shares IMI Smart Cities Index
	MSCI 中国 A 股在岸可投资市场千禧一代指数 MSCI China A Onshore IMI Millennials Index	MSCI 中国全股可投资市场千禧一代指数 MSCI China All Shares IMI Millennials Index
	MSCI 中国 A 股在岸可投资市场老龄化社会机会指数 MSCI China A Onshore IMI Ageing Society Opportunities Index	MSCI 中国全股可投资市场老龄化社会机会指数 MSCI China All Shares IMI Ageing Society Opportunities Index
	MSCI 中国 A 股在岸可投资市场未来出行指数 MSCI China A Onshore IMI Future Mobility Index	MSCI 中国全股可投资市场未来出行指数 MSCI China All Shares IMI Future Mobility Index
资源与环境	MSCI 中国 A 股在岸可投资市场高效能源指数 MSCI China A Onshore IMI Efficient Energy Index	MSCI 中国全股可投资市场高效能源指数 MSCI China All Shares IMI Efficient Energy Index

（三）国内跟踪 MSCI 中国指数系列的基金

随着我国 A 股纳入 MSCI 新兴市场指数，虽然还没有 100％ 纳入，但是我国证券市场上已经有很多追踪 MSCI 中国指数的基金，有被动型和主动型的，也有增强型的，截至 2023 年 3 月 31 日，市场规模达到 86.93 亿元，表 1-25 中列出了市场上追踪 MSCI 中国指数系列的基金详情。

表1-25 追踪MSCI中国指数系列的基金

证券代码	证券名称	成立年限（年）	发行规模（亿元）
501086.OF	华宝MSCI中国A股国际通ESGA	1.805 5	0.22
159601.OF	华夏MSCI中国A50互联互通ETF	1.257 5	0.18
016498.OF	易方达MSCI中国A50指数量化增强A	3.249 3	0.39
008944.OF	摩根MSCI中国A股ETF联接A	1.832 9	0.45
008945.OF	摩根MSCI中国A股ETF联接C	1.832 9	0.11
006525.OF	前海开源MSCI中国A股C	1.331 5	1.12
012811.OF	华宝MSCI中国A股国际通ESGC	5.345 2	0.25
016499.OF	易方达MSCI中国A50指数量化增强C	1.950 7	0.39
512320.OF	工银MSCI中国A股ETF	0.279 5	0.54
005761.OF	招商MSCI中国A股国际通ETF联接A	2.865 8	0.18
005762.OF	招商MSCI中国A股国际通ETF联接C	3.134 2	2.55
159602.OF	南方MSCI中国A50互联互通ETF	0.928 8	1.02
013134.OF	南方MSCI中国A股ETF联接E	4.608 2	4.57
006704.OF	易方达MSCI中国A股国际通ETF联接A	2.063 0	2.91
006705.OF	易方达MSCI中国A股国际通ETF联接C	0.835 6	0.33
000975.OF	华夏MSCI中国A股国际通ETF联接A	1.391 8	0.11
005735.OF	华夏MSCI中国A股国际通ETF联接C	1.353 4	0.05
005788.OF	南方MSCI中国A股ETF联接A	8.241 1	2.03
005789.OF	南方MSCI中国A股ETF联接C	1.942 5	0.08
005829.OF	建信MSCI中国A股ETF联接A	1.295 9	0.34

第一章 股票价格指数编制与 MSCI 指数简介

续 表

证券代码	证 券 名 称	成立年限（年）	发行规模（亿元）
005830.OF	建信 MSCI 中国 A 股 ETF 联接 C	9.545 2	1.41
005868.OF	平安 MSCI 中国 A 股国际 ETF 联接 A	1.808 2	1.13
005869.OF	平安 MSCI 中国 A 股国际 ETF 联接 C	2.443 8	4.86
006034.OF	富国 MSCI 中国 A 股国际通增强	0.243 8	1.23
006063.OF	景顺长城 MSCI 中国 A 股增强	2.027 4	0.35
006286.OF	华泰柏瑞 MSCI 中国 A 股国际通 ETF 联接 A	5.030 1	0.19
006293.OF	华泰柏瑞 MSCI 中国 A 股国际通 ETF 联接 C	1.219 2	0.91
006341.OF	中金 MSCI 中国 A 股质量 A	1.980 8	0.35
006342.OF	中金 MSCI 中国 A 股质量 C	1.980 8	0.17
006524.OF	前海开源 MSCI 中国 A 股 A	7.589 0	0.46
006712.OF	前海开源 MSCI 中国 A 股消费 A	0.087 7	0.81
006713.OF	前海开源 MSCI 中国 A 股消费 C	0.087 7	0.32
007107.OF	太平 MSCI 香港价值增强 A	3.463 0	0.21
007108.OF	太平 MSCI 香港价值增强 C	3.824 7	0.26
007806.OF	建信 MSCI 中国 A 股指数增强 A	2.227 4	0.45
007807.OF	建信 MSCI 中国 A 股指数增强 C	2.630 1	6.34
009374.OF	浦银安盛 MSCI 中国 A 股 ETF 联接 A	1.315 1	0.45
009375.OF	浦银安盛 MSCI 中国 A 股 ETF 联接 C	19.268 5	12.15
014528.OF	汇添富 MSCI 中国 A50 联接 A	2.506 8	0.42
014529.OF	汇添富 MSCI 中国 A50 联接 C	3.043 8	0.21

续 表

证券代码	证券名称	成立年限（年）	发行规模（亿元）
014530.OF	华夏 MSCI 中国 A50 联接 A	4.783 6	0.31
014531.OF	华夏 MSCI 中国 A50 联接 C	4.783 6	0.21
014532.OF	易方达 MSCI 中国 A50 互联互通联接 A	1.468 5	2.62
014533.OF	易方达 MSCI 中国 A50 互联互通联接 C	1.468 5	0.82
014534.OF	南方 MSCI 中国 A50 联接 A	0.819 2	8.00
014535.OF	南方 MSCI 中国 A50 联接 C	0.819 2	2.19
015037.OF	天弘 MSCI 中国 A50 互联互通 A	1.430 1	0.12
015038.OF	天弘 MSCI 中国 A50 互联互通 C	6.468 5	0.50
040002.OF	华安 MSCI 中国 A 股指数增强	8.989 0	0.34
159621.OF	国泰 MSCI 中国 A 股 ESG 通用 ETF	1.194 5	0.55
512090.OF	易方达 MSCI 中国 A 股国际通 ETF	0.789 0	0.27
512160.OF	南方 MSCI 国际通 ETF	8.504 1	0.45
512180.OF	建信 MSCI 中国 A 股国际通 ETF	7.967 1	0.38
512280.OF	景顺长城 MSCI 中国 A 股国际通 ETF	6.394 5	0.52
512360.OF	平安 MSCI 中国 A 股国际 ETF	5.509 6	0.51
512380.OF	银华 MSCI 中国 A 股 ETF	5.509 6	1.30
512390.OF	平安 MSCI 中国 A 股低波动 ETF	0.243 8	2.93
512520.OF	华泰柏瑞 MSCI 中国 A 股国际通 ETF	2.564 4	7.99
512990.OF	华夏 MSCI 中国 A 股国际通 ETF	6.484 9	0.20
515160.OF	招商 MSCI 中国 A 股国际通 ETF	2.520 5	0.47

续 表

证券代码	证 券 名 称	成立年限（年）	发行规模（亿元）
515770.OF	摩根 MSCI 中国 A 股 ETF	4.783 6	0.59
515780.OF	浦银安盛 MSCI 中国 A 股 ETF	5.205 5	1.16
560050.OF	汇添富 MSCI 中国 A50 互联互通 ETF	1.468 5	0.48
563000.OF	易方达 MSCI 中国 A50 互联互通 ETF	1.558 9	1.05

注：A 和 C 基金区别在于：A 基金申购要收取申购费用，且一次性收取；C 基金申购不收取申购费用，但每天都会收取计提费用。就此看来，A 类基金适合于购买金额较大、投资期限较长的投资者；C 类基金适合于购买金额不大、持有时间不确定的投资者。

第二章
新兴股票市场纳入 MSCI 指数进程及影响

明晟公司是否将某国或者地区股票纳入 MSCI 新兴市场指数体系,并编制其国家或地区指数,主要考虑的因素有人均国内/地区生产总值(Gross Domestic Product per capital)、股票市场深度(market depth)和市场流动性(liquidity)、当地政府的管制(local government regulation)、已察觉的投资风险(perceived investment risk)、对境外投资者的所有权限制(foreign ownership limits)、资本管制(capital control)和投资界的广泛认同度(the general perception by the investment community)等。

MSCI 新兴市场指数于 1988 年建立,初始由 10 个国家组成。随着 20 世纪 90 年代全球经济逐步国际化,新兴经济体经济蓬勃发展,其资本市场也逐步放开,为了保持 MSCI 新兴市场指数的完备性、参考性和投资价值,越来越多的新兴经济体的股票市场纳入 MSCI 新兴市场指数。入选 MSCI 新兴市场指数的 10 个初始国家为墨西哥、阿根廷、巴西、约旦、智利、马来西亚、泰国、菲律宾、希腊和葡萄牙,后续被纳入的国家或地区共有哥伦比亚、捷克、埃及等 18 个。截至 2023 年 8 月,MSCI 新兴市场指数包括的国家或者地区一共有巴西、智利、中国等 24 个。

表 2-1 纳入或剔出 MSCI 新兴市场指数的国家或地区

年份	纳入或者剔出的国家或地区
1988	纳入阿根廷、巴西、智利、希腊、约旦、马来西亚、墨西哥、菲律宾、葡萄牙和泰国
1989	纳入印度尼西亚和土耳其
1992	首次纳入韩国
1994	纳入哥伦比亚、印度、巴基斯坦、秘鲁、斯里兰卡和委内瑞拉

续 表

年份	纳入或者剔出的国家或地区
1995	纳入以色列、波兰和南非
1996	纳入中国(不包括A股)、捷克、匈牙利
1997	纳入俄罗斯,剔出葡萄牙
2001	纳入埃及和摩洛哥,剔出希腊和斯里兰卡
2006	剔出委内瑞拉
2008	剔出约旦和巴基斯坦
2009	剔出阿根廷
2010	剔出以色列
2013	纳入希腊,剔出摩洛哥
2014	纳入卡塔尔和阿联酋
2017	纳入巴基斯坦
2018	纳入中国A股
2019	纳入阿根廷和沙特阿拉伯
2020	纳入科威特
2021	剔出阿根廷和巴基斯坦
2022	剔出俄罗斯

那么,纳入MSCI指数会给新兴经济体的股票市场带来什么变化?是否会带来显著的超额收益率?随着境外资本的流入,新兴经济体股票市场的波动率是否有显著下降?是否具有公告效应?这是本章要讨论的内容,通过事件分析法和双重差分的方法来讨论。下面先介绍事件分析法的基本原理。

第一节 事件分析法简介

事件分析法是指通过短期内可观测资产价格的变化来研究某一事件对经济影响程度的方法。金融市场会有各种事件,如颁布新的金融政策、宏观经济数据的变化以及发布公司财务和战略方面的消息等。在一个充满理性投资者的市场中,这些事件的影响效应又会很快反映到资产价格上,因此事件分析法是金融市场研究中被广泛应用的实证分析方法。

事件分析法是Dolley(1933)提出的,他通过研究公司股票的拆分事件,发现在95次股票拆分事件中,有26次造成股票下跌,57次造成上涨,12次基本没有影响。后来经Fama等(1969)完善,事件分析法被广泛使用。Brown(1980)通过分析股票月度和日度数据,发现简单模型与市场模型效果差不多,并逐步完善了模型和统计量的检验。Warner(1985)解决了事件分析法中遇到的截面相关和方差增大的问题。Savickas(2003)将GARCH模型引入事件分析法中,解决了异方差的问题,并得到了新的统计量。

事件分析法是一种比较简单的实证研究方法。该方法主要以特定事件的发生为时间节点,分析该时间节点前后公司股票价格的变化。该方法逻辑比较清晰,计算方法比较简单,广泛应用于分析特定经济或者金融事件对于股票市场的影响。事件分析法一般有如下三个步骤:定义事件与事件窗、估计股票正常预期收益和异常收益以及统计检验。

一、定义事件与事件窗

事件分析法涉及的窗口有估计窗、事件窗和事后窗三种。考虑到事件可能存在提前泄露的情形，事件窗口的选择通常包括事件发生前的一段时间，这段时间称为事件估计窗。同样道理，由于事件发生后会有一定的滞后效应，因此事后窗是事件发生之后的一段时间。很明显，事件分析法中的估计窗、事件窗和事后窗是不能重叠的，图 2-1 描述了这三者的关系。

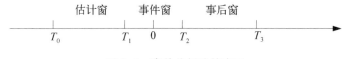

图 2-1 事件分析法的窗口

事件估计窗的作用在于估计股票的正常收益率或者股票收益率参数，估计窗的长短取决于研究事件的目的。事件窗通常以宣布日为中心，而宣布日在事件窗口内是第 0 天。事件窗是用于检验股价对所研究的事件有无异常反应的期间，有的事件窗仅为一天，有的为两天或三天，也有将事件窗定义为公告前后 10 天或者 20 天，甚至更长。事后窗是用来考察事件发生以后公司股价或公司价值是否发生改变，用来考察事件的较长期影响。

二、估计股票正常预期收益和异常收益

事件分析法的第二阶段是估计股票的正常预期收益和异常收益。所谓正常预期收益，是指假定没有该事件发生的情况下，公司股价的正常预期收益（ER_{it}）。异常收益是实际收益减去正常预期收益：

$$AR_{it} = R_{it} - ER_{it}$$

其中，AR_{it} 是第 i 个证券在第 t 期的异常收益，R_{it} 是实际收益。估计股票正常预期收益 ER_{it} 的方法主要有如下三种。

1. 均值调整模型

该模型假设事件窗内股票的预期收益是一个固定值,等于估计窗口内股票收益的平均值,即:

$$ER_{it} = \frac{1}{L}\sum_{t=T_o+1}^{T_1} R_{it}$$

2. 市场调整模型

该模型假设事件窗口内的预期收益等于事件窗内的某个市场收益指标。市场收益指标一般选取比较有代表性的市场指数的指标。例如,研究上海证券交易所上市公司股票的收益,一般选取上证指数作为市场收益指标,即:

$$ER_{it} = R_{mt}$$

3. 市场模型

该模型假设事件窗内证券的预期收益率与同期的市场收益率存在线性关系,即:

$$ER_{it} = \alpha_i + \beta_i R_{mt}$$

为了估计正常预期收益参数,可以选取很多模型,如 CAPM 模型、Fama-French 三因素模型和 Carhart 四因素模型等,这里选取 CAPM 模型:

$$R_{it} = \alpha_i + \beta_i R_{mt} + \varepsilon_{it}, \quad t = T_0+1, \cdots, T_1$$

其中,

$$R_i = (R_{iT_0+1}, \cdots, R_{iT_1})^{\mathrm{T}}, \quad X_i = \begin{pmatrix} 1 & R_{mT_0+1} \\ 1 & R_{mT_0+2} \\ \vdots & \vdots \\ 1 & R_{mT_1} \end{pmatrix}$$

通过最小二乘法,可以估计出参数 $\hat{\alpha}_i$, $\hat{\beta}_i$,假设这些参数在整个事件中是保持不变的,那么股票正常预期收益可以通过如下公式得到:

$$E\hat{R}_{it^*} = \hat{\alpha}_i + \hat{\beta}_i R_{mt^*}, \quad t^* = T_1+1, T_1+2, \cdots, T_2$$

三、统计检验

1. 异常收益率的计算和检验统计量

事件分析法中,一般要考虑很多上市公司股票价格的变化,但是在事件窗口内影响股价的因素很多,为了剔除单个股票价格的影响,这里对样本上市公司的股票的异常收益进行横截面平均,得到平均异常收益:

$$\overline{AR}_{it} = \frac{1}{N}\sum_{i=1}^{N} AR_{it}$$

其中,N 为样本公司的个数。

异常收益为:

$$AR_{it^*} = R_{it^*} - ER_{it^*}$$

将异常收益标准化:

$$SAR_{it^*} = \frac{AR_{it^*}}{\sqrt{\mathrm{var}(AR_{it^*})}} \sim t(L-2)$$

建立原假设 H_0:在事件窗口内,异常收益 SAR_{it^*} 为零。

根据数理统计可知,SAR_{it^*} 服从自由度为 $L-2$ 的 t 分布(L 为时间长度)。由 t 分布的性质可知,SAR_{it^*} 的均值为 0,方差为 $(L-2)/(L-4)$,且时间很长时,SAR_{it^*} 渐进服从正态分布:

$$\frac{SAR_{it^*}}{\sqrt{\frac{L-2}{L-4}}} \sim N(0,1)$$

根据中心极限定理,当事件分析法中的样本公司异常收益独立时有:

$$\frac{1}{N}\sum_{i=1}^{N}\frac{SAR_{it^*}}{\sqrt{\frac{L-2}{L-4}}} \sim N\left(0,\frac{1}{N}\right)$$

从而得到统计量 T_1:

$$T_1 = \frac{\frac{1}{N}\sum_{i=1}^{N}SAR_{it^*}}{\sqrt{\frac{1}{N}\frac{L-4}{L-2}}} = \sqrt{\frac{1}{N}\frac{L-4}{L-2}}\sum_{i=1}^{N}SAR_{it^*} \sim N(0,1)$$

2. 累计异常收益的计算和检验统计量

事件分析除了有检验异常收益的统计量 T_1,还提供了检验累计异常收益率的统计量 T_2。窗口期的累计异常收益率的计算公式为:

$$SCAR_{it^*}(t_1,t_2) = \sum_{t=t_1}^{t_2}SAR_{it^*}$$

其中,$SCAR_{it^*}(t_1,t_2)$ 表示 $[t_1,t_2]$ 期间的累计异常收益。将上面 t_2-t_1+1 个统计量相加,并假设收益率时间序列不同期是不相关的,那么:

$$(t_2-t_1+1)\frac{SAR_{it^*}}{\sqrt{\frac{L-2}{L-4}}} \sim L(0,t_2-t_1+1)$$

即：

$$\frac{SCAR_{i*}(t_1, t_2)}{\sqrt{\dfrac{L-2}{L-4}}} \sim N(0, t_2 - t_1 + 1)$$

标准化得到：

$$\frac{SCAR_{i*}(t_1, t_2)}{\sqrt{t_2 - t_1 + 1}\sqrt{\dfrac{L-2}{L-4}}} \sim N(0, 1)$$

取平均得到：

$$\frac{\dfrac{1}{N}\sum_{i=1}^{N} SCAR_{i*}(t_1, t_2)}{\sqrt{t_2 - t_1 + 1}\sqrt{\dfrac{L-2}{L-4}}} \sim N\left(0, \dfrac{1}{N}\right)$$

标准化之后可以得到检验异常收益的统计量 T_2：

$$T_2 = \frac{1}{\sqrt{t_2 - t_1 + 1}}\sqrt{\frac{L-4}{L-2}}\sqrt{\frac{1}{N}}\sum_{i=1}^{N} SCAR_{i*}(t_1, t_2) \sim N(0, 1)$$

第二节 韩国股票市场纳入 MSCI 指数的进程及影响

一、韩国股票市场纳入 MSCI 指数的进程

从 20 世纪 60 年代开始，作为亚洲"四小龙"之一的韩国开始重点发展劳动密集型的加工产业，在短时间内实现了经济的腾飞，一跃成为亚洲发达富裕的地区。韩国经济的发展越来越要求金融改革，金融市场尽快与国际金融市场接轨，为此开始了

申请股票市场纳入 MSCI 指数的漫漫长路。纳入 MSCI 指数的过程实际是一个证券市场不断开放的过程,也是境外投资者逐步进入韩国证券市场的过程。韩国早在 1985 年就允许外资间接投资韩国股市。刚开始效果不显著,但随着三星电子和现代等龙头企业的兴起,韩国经济快速增长,资本市场的高成长、高收益吸引了国际资本的关注。为了方便境外投资者的进入,1992 年韩国政府引进 QFII 制度,外资的持股比例上限设定为 10%,1996 年取消外资直接投资范围的限制,外资持股比例上限设定为 20%,直到 1998 年外资持有私营企业和国企的持股比例上限分别上调至 55% 和 35%。同时,韩国也加快了资本项目的开放步伐,于 1993 年开放了资本项目的兑换,1995 年允许国外企业在韩国交易所上市,最终于 1998 年 9 月 1 日韩国股票市场 100% 纳入 MSCI 指数,前后共用了 6 年时间,其历程如表 2-2 所示。

表 2-2 韩国股票纳入 MSCI 新兴市场指数的进程表

1992 年 1 月 7 日	按照 20% 的纳入因子纳入 MSCI 新兴市场指数
1996 年 9 月 3 日	纳入因子从 20% 提升至 50%
1998 年 9 月 1 日	纳入因子从 50% 提升至 100%

资料来源:Wind 咨讯。

二、韩国股票市场纳入 MSCI 指数的影响

MSCI 指数是全球资金投资的风向标,纳入 MSCI 指数也意味着该股票市场开放度进一步加强。当时韩国是亚洲经济的"四小龙"之一,经济处于高成长、高收益阶段,以三星、现代等为代表的龙头企业成长迅速,吸引了全球资金的追逐,流入韩国的外资金

额由1992年的2亿美元增加到1998年的46亿美元,特别是1998年韩国股票市场100%纳入MSCI指数以后,涌入的境外资金飞速增长,推高了韩国股票的市值,并出现了所谓的"入摩效应",韩国综合指数也由1998年9月1日的310点涨到2000年9月1日的692点,两年的增幅达到了120%左右。纳入MSCI指数对韩国股票市场产生的影响有如下四个方面。

(一)进入韩国证券市场的境外资金持续增加

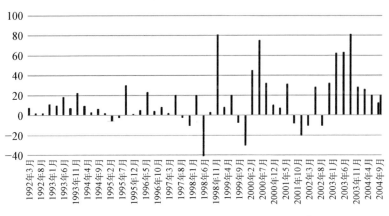

图2-2 韩国证券投资净流入量(单位:亿美元)

从图2-2可以看出,自1992年1月韩国股票市场20%纳入MSCI指数开始,流入韩国股票市场的境外资金总体上是不断增加的,1993年第四季度达到了22亿美元,是1992年第一季度的4倍左右。韩国股票市场纳入MSCI指数的比例在1996年第三季度增加到50%,1996年第二季度流入的境外资金达到23亿美元。但是,由于亚洲金融危机的影响,流入韩国股票市场的境外资金数额有所起伏,甚至出现净流出的情形。直到1998年9月1日,韩国股票市场100%被纳入MSCI指数,1998年第四季度流入韩国证券市场的境外资金高达80亿美元,韩国证券市场受到国际投资者的青睐和追捧。

(二)外资持股市值比例不断提高

在 MSCI 指数纳入韩国股市后,由于境外资金的流入,外资持股市值占比不断提升。见图 2-3。1999 年外资持股占比为 18.5%,2000 年大幅提升 8.5 个百分点,达到 27.0%,外资持股占比在 2004 年达到最高峰即 40.1%,此后维持在 32% 左右的水平。

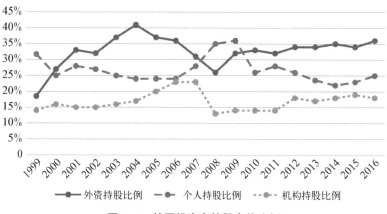

图 2-3 韩国投资者持股市值比例

与此相对应的是个人持股比例不断降低。1999 年个人持股占比高达 31.7%,此后个人持股占比持续下行,2013 年个人持股为 23.6%,在这 15 年间下降幅度达到 8.1 个百分点,说明了个人投资者对市场的影响力在持续下降。

韩国股票市场 100% 纳入 MSCI 指数后,韩国国内机构持股占比在 2000—2006 年期间得到较大幅度的提升。1999 年,韩国国内机构持股占比为 14.3%,到 2006 年,机构持股占比提升至最高峰 20.8%,提升幅度达到 6.5 个百分点。但 2008 年全球金融危机期间,韩国国内机构持股占比大幅下滑至 11.7%。2009—2016 年,韩国国内机构持股占比呈现逐年小幅提升的趋势,但未能回到

2006年的高点。

(三)股市换手率显著降低

在被纳入MSCI指数后,随着外资占比提升,外资对韩国股市的影响力增强,韩国股市换手率也显著降低。1992年年初,韩国股市市值的20%被纳入MSCI指数,外资持股占比较低,韩国股票市场的换手率为110%。虽然韩国股市于1998年被100%纳入MSCI指数,但是由于亚洲金融危机的发生以及20世纪末到21世纪初的互联网泡沫,2000年韩国股票市场换手率达到高峰,即334%,随着金融政策的开放以及股票市场的逐步修复,境外资金进入韩国股票市场的便利程度增加,外资占比提升迅速,外资对韩国股市的影响力愈发显著。2000年后,韩国股市年度换手率稳步下降。特别是随着境外资金的逐步进入,2003年以后韩国股票市场的换手率逐步稳定在125%左右。除了受次贷危机的影响,韩国股票市场换手率出现波动外,自2012年以后,韩国股票市场的换手率一直比较平稳,没有出现大起大落的情形。

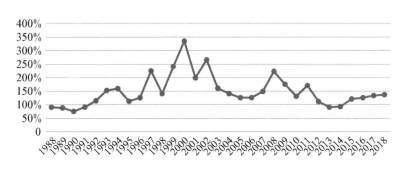

图2-4 韩国股票市场的换手率

(四)股市波动性逐渐变小

在MSCI指数纳入韩国股市前后,韩国股市的波动性变动不明显。这主要是因为韩国股市在被 MSCI 指数纳入前,股市波动性的绝对水平就已经比较低了。1980—1991 年,韩国股市的平均波动率为 19.4%,而同期的标准普尔 500 指数的平均波动率为 15.6%。韩国股市的波动性因为 1998 年亚洲金融危机的影响大幅上升至 50.6% 的峰值,此后韩国股市波动性持续降低,2005 年韩国股市波动性降低至 17.1%。此后,尽管因为次贷危机短暂升至 40.0%,但再未达到 1998 年的水平。2015 年,韩国股市波动性仅为 14.1%,如图 2-5,以后一直稳定在这个水平,市场也愈来愈成熟,但是距离发达的股票市场还有一段距离,因此明晟公司一直未将韩国股票市场列为发达资本市场。

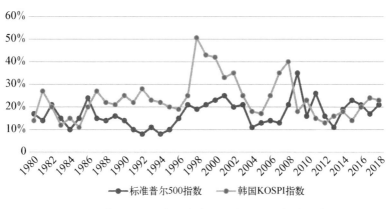

图 2-5 韩国 KOSPI 指数与标准普尔 500 指数的波动率

第三节 中国股票市场纳入 MSCI 指数的进程及影响

一、中国 A 股市场纳入 MSCI 指数的进程

2013 年 4 月 19 日,中国证监会证实,其与包括明晟公司在内

的国际指数编制公司进行了沟通和交流,就将A股纳入相关指数的技术性问题进行了探讨。当天A股大涨2.14%。随后,明晟公司于2013年6月11日发布的2013年度市场分类评估报告中称,已经开始评估将中国A股纳入MSCI新兴市场指数。2014年3月18日,明晟公司发布公告,就A股纳入计划路线图征求全球投资者的反馈意见。明晟公司启动了拟将A股纳入MSCI新兴市场指数的具体办法和路线图的有关咨询程序,并表示,公司将于2014年6月的年度市场分类审议中作出最终决定。中国证监会发言人也对此表示欢迎,下一步将继续与明晟公司沟通,加强与外汇、财税的沟通协调工作,使A股纳入MSCI新兴指数取得实际成效,以提高A股的国际化进程。2015年6月11日,明晟公司宣布,将不会按原计划将中国A股纳入新兴市场指数,但仍保留A股在其审核名单上,作为2015年度评审的一部分。该公司的决定基于国际机构投资者在公司咨询过程中所提出的反馈意见,认为QFII和RQFII配额制度有投资局限。但明晟公司认为,在A股被纳入MSCI新兴市场指数这一重大议题上有必要继续与国际投资者保持频繁沟通,主要是因为中国A股市场已形成明显规模,而且中国的金融监管改革和金融市场改革措施随时可能推出,例如沪港通方案的推出。2016年6月14日,明晟公司表示,将延迟中国A股纳入MSCI新兴市场指数,但继续保留其在2017年的审核名单上。若A股市场准入状况在2017年6月之前出现显著进展,其依然可能在年度市场分类评审的例行周期之外的会议上被提前纳入。除了已解决了实际权益拥有权的问题外,投资者继续关注三方面的内容:一是QFII制度改革对市场准入与资本流动的影响和成效,二是交易所停牌新规的执行情况,三是内地交易所对金融产品的预审批限制。表2-3列出了历年明晟公司反馈意见以及A股市场的改革措施。

表 2-3　历年明晟公司的反馈意见以及中国 A 股市场的改革措施

年份	明晟公司的反馈意见	A 股市场的改革措施
2014	1. QFII 和 RQFII 额度的分配问题：（1）现有的审批流程和及时获取额度的不确定性；（2）投资者的资产规模、所在地、投资背景、投资类别和所采用的 A 股投资渠道受限；（3）没有足够的弹性让外资机构在内部不同投资账户和投资种类上自由运用 QFII 配额（比如开放式基金和独立专户之间的 QFII 配额共享）。2. 资本流动的限制：（1）资本汇入的锁定期；（2）资本可赎回的频率在 QFII 制度下是每周一次，在 RQFII 制度下是每天一次，其他情形是每月一次，频率有冲突。3. 资本利得税的不确定性：由于担心税务问题，投资者需要预先拨备税款。若选择不拨备，将被视为公司合规和营运上存在风险	1. 将 RQFII 和 QFII 总配额翻倍；2. 将 RQFII 制度拓展到伦敦和新加坡；3. 加速投资牌照申请和批准配额的进度；4. 将 QFII 开放式基金的赎回限制由月减少到周单位
2015	1. QFII 和 RQFII 额度的分配问题：（1）资产配置需要不能便利及确定地获取额外额度，期望额度分配流程能做到更有效率、透明度更高及更容易预计；（2）无法可靠地获取额度，认为大型投资者所获发的额度大小应按资产管理规模的比例决定，特别是对需完全复制所跟踪指数的被动型基金。2. 资本流动的限制：（1）资本锁定期和赎回的限制；（2）需保证每日资金流动性，应覆盖所有投资工具，如开放式基金、交易所买卖基金及个别管理账户等；（3）考虑到被动型投资者往往于收市前才进行交易，希望撤销沪股通每日额度限制。3. 分类账户中实际权益拥有权：由于很多投资者通常采用个别管理账户，把投资及操作决定授权予基金经理，因此需要澄清最终投资者的实际权益	1. 将 RQFII 制度从 4 个城市拓展至 12 个城市；2. 开通沪港通；3. 明确了资本利得税应对方案
2016	1. QFII 制度改革对市场准入与资本流动的影响及成效：（1）需要监管机构有效执行 2 月初生效的按日资本赎回政策；（2）监管机构仍未有效解决月度资本赎回限额问题。QFII 投资者的每月资本赎回额度不能超过其上一年度净资产值的 20%。希望当局完全解除每月资本赎回额度限制或者大幅度增加赎回限额并同时缩短相应赎回期。2. 内地交易所针对金融产品的预先审批限制需要被解除并与国际接轨。3. 旨在防范广泛性自愿停牌的交易所新规的执行情况：投资者需要观察政策实施的成效并确认在上海和深圳交易所停牌的股票数量能在新规执行之后有显著的减少	1. 推出旨在解决额度分配和资本流动限制两大问题的 QFII 制度改革；2. 推出增强监管上市公司停复牌的新规；3. 解决了实际权益拥有权问题

最终,中国 A 股于 2018 年 6 月 1 日按照 2.5% 的纳入因子纳入 MSCI 新兴市场指数。以下是中国 A 股纳入 MSCI 新兴市场指数具体的时间节点和过程(见表 2-4)。

表 2-4 中国 A 股纳入 MSCI 新兴市场指数进程

2018 年 6 月 1 日	按照 2.5% 的纳入因子纳入 MSCI 新兴市场指数
2018 年 9 月 1 日	纳入因子从 2.5% 提升至 5%
2019 年 6 月 1 日	纳入因子从 5% 提升至 10%
2019 年 9 月 1 日	纳入因子从 10% 提升至 15%
2019 年 11 月 26 日	纳入因子从 15% 提升至 20%

与此同时,为了能够顺利纳入 MSCI 指数,中国在境外资金进出方面出台了一些改革措施,从 2002 年开始发放合格境外投资者配额,到 2019 年取消了 QFII 和 RQFII 的配额限度,并逐步放松对境外投资者的配额限制。同时,我国的资本市场也进一步开放,如 2014 年沪港通与 2016 年深港通的实施,以及 2021 年 MSCI 中国 A50 互联互通指数期货的发行等措施。如表 2-5 所示。

表 2-5 我国资本市场开放进程

年 份	措 施
2002	发布《合格境外机构投资者境内证券投资管理暂行办法》,引入合格境外投资者(QFII)
2004	发布《关于推进我国资本市场进一步改革开放和稳定发展的若干意见》,同时允许中国香港地区开展人民币业务
2006	发放合格境内机构投资者(QDII)配额

续 表

年 份	措 施
2007	扩大 QDII 限额、在中国香港地区发行人民币债券
2010	发布《关于境外人民币清算行等三类机构运用人民币投资银行间债券市场试点有关事宜的通知》,允许境外投资者以人民币参与银行间债券市场
2011	发放人民币合格境外投资者(RQFII)配额、公布外商直接投资(FDI)人民币结算业务管理办法
2012	个人人民币业务拓展至境外
2013	前海跨境人民币贷款业务启动
2014	发布《关于沪港股票市场交易互联互通机制试点有关问题的通知》,沪港通获批并开通
2015	开放境外央行和其他官方储备管理机构、国际金融组织以及主权财富基金依法合规参与中国银行间外汇市场
2016	证监会取消 QFII 资产配置中股票不低于 50% 的要求,并将 QFII、RQFII 机构汇入锁定期从一年缩短为三个月
2016	深港通开通
2017	发布《境外商业类机构投资者进入中国银行间债券市场业务流程》,允许境外机构投资者在我国银行间债券市场开展现券交易
2018	取消 QFII、RQFII 本金锁定期规定,同时取消每月汇出资金为净资产 20% 的限制
2018	发布《关于上海证券交易所与伦敦证券交易所互联互通存托凭证业务的监管规定〈试行〉》
2019	取消 QFII、RQFII 投资额度的限制
2020	发布《境外机构投资者境内证券期货投资资金管理规定》,进一步便利境外投资者参与我国金融市场
2021	向境外投资者开放部分商品期权市场
2021	香港交易所正式推出 MSCI 中国 A50 互联互通指数期货

续 表

年 份	措 施
2022	发布《关于进一步便利境外机构投资者投资中国债券市场有关事宜》
2022	发布《关于交易型开放式基金纳入互联互通相关安排的通知》,原则同意ETF纳入互联互通
2023	全面实施股票发行注册制
2023	推出港币-人民币双柜台模式,投资者可直接用人民币买规定范围内的港股

随着我国资本开放措施的逐步实施,国外投资者逐步涌入我国的资本市场。2018年6月1日宣布A股纳入MSCI指数以后,2019年境外资金对我国股权投资净流入达到了600亿美元,是2010年的6倍左右,2021年年底达到了高峰值,即840亿美元左右,如图2-6所示。

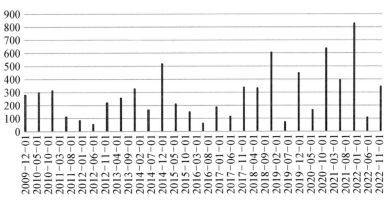

图2-6 境外资金对我国股权投资的净流入(单位:亿美元)

通过陆港通进入我国股票市场的境外资金也在2018年以后有所增加,2019年达到500亿美元,是2015年的5倍,如图2-7所示。

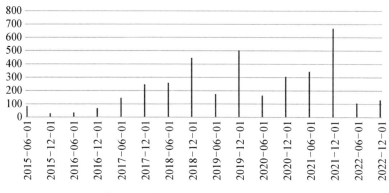

图 2-7　境外资金通过陆港通渠道的净流入金额（单位：亿美元）

由于我国资本项目没有完全放开，外资进入我国股票市场有一定的局限性，因此外资的持股比例还有进一步提高的空间。从我国 A 股纳入 MSCI 指数的角度来看，外资占流通 A 股市值的比重在逐步提高。2018 年的外资持股市值比例为 2.25% 左右，2021 年则提高到 4.1% 左右，如图 2-8 所示。

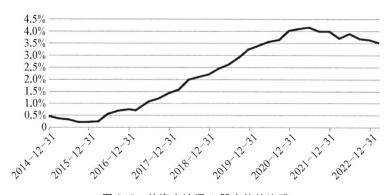

图 2-8　外资占流通 A 股市值的比重

总体上，外资占我国股票市场的比重较小，但是某些业绩比较好的绩优股还是会受到外资的青睐，而且外资持股的比例会逐步提高。例如,外资所占宁波银行的流通股比重相对较高,主要是新加坡华侨银行有限公司和瑞士信贷(香港)有限公司持股。由图2-9可以看出,自2018年A股纳入MSCI指数以后,外资持有宁波银行股票的比例一直上升,由2018年的16%上升到2022年的26%,增长幅度达到60%左右。

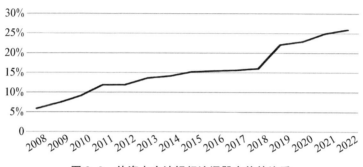

图2-9 外资占宁波银行流通股市值的比重

二、对股票超额收益率的影响

(一)数据的选取

下面利用事件分析法研究A股纳入MSCI指数对股票收益率的影响。根据A股纳入MSCI指数的进程,选取宣布A股正式纳入MSCI指数的当天(2018年6月1日)以及20%比例纳入MSCI指数(2019年11月26日)为事件日,以2018年6月1日正式生效的236只成分股以及20%比例纳入MSCI指数的472只成分股作为初始上市公司样本,并进行如下筛选:① 剔除金融类公司;② 剔除事件窗口期停牌或者无连续交易的公司。最终得到宣布A股纳入MSCI指数时的样本为178家公司,20%比例纳入MSCI指数时的样本为385家公司,股票行情数据均来自Wind数据库。

(二)实证结果与分析

这里采用事件分析法,基于市场均值模型计算两种事件窗(-15,15)内的样本股票超额收益率与累计超额收益率走势,得到图 2-10 和图 2-11。

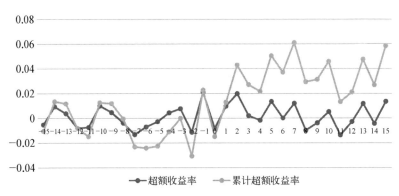

图 2-10 宣布 A 股纳入 MSCI 指数的超额收益率和累计超额收益率图

从图 2-10 的超额收益率可以看出,在宣布 A 股纳入 MSCI 指数的后 1—4 天有明显的正超额收益率,虽然宣布 A 股纳入 MSCI 指数的后 8 天、后 9 天、后 11 天、后 12 天和后 14 天为负,但数值比较小,不影响整体超额收益率是正的,而且从累计超额收益率走势可以看出,宣布 A 股纳入 MSCI 指数前的累计超额收益率不大,但是宣布 A 股纳入 MSCI 指数以后有比较明显的正的累计超额收益率,说明在宣布 A 股纳入 MSCI 指数以后,投资者配置 MSCI 指数的成分股可能获得正的累计超额收益率,因此宣布 A 股纳入 MSCI 指数对股票市场收益率有正向影响。

从图 2-11 的超额收益率可以看出,20%比例纳入 MSCI 指数的后 1—3 天有明显的正超额收益率,虽然 20%比例纳入 MSCI 指数后的第4天、第9天、第10天和第13天为负,但是整体超额收益率是正的。而且从累计超额收益率走势可以看出,20%比例纳入MSCI指数前的累计超额收益率为负数,而20%比例纳入MSCI指数以后的累计超额收益率总体为正数,可见20%比例纳入MSCI指数以后,投资者配置MSCI指数的成分股可能获得正的累计超额收益率,同样可以得到20%比例纳入MSCI指数对股票市场收益率有正向影响的结论。

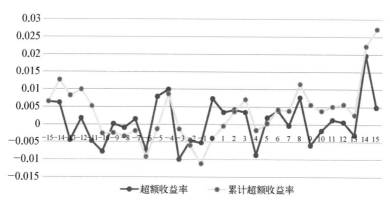

图 2-11　20%比例纳入 MSCI 指数的超额收益率和累计超额收益率图

下面检验两个事件窗口期超额收益率和累计超额收益率的显著性,得到如下结果(见表2-6、表2-7)。

表 2-6　超额收益率的显著性检验

时间	宣布 A 股纳入 MSCI 指数		A 股 20%比例纳入 MSCI 指数	
	t 值	p 值	t 值	p 值
−15	−3.13	0.001 748 063	3.02	0.002 527 747
−14	0.62	0.535 257 787	1.46	0.144 290 074
−13	2.89	0.003 852 418	−3.45	0.000 560 587

续 表

时间	宣布A股纳入MSCI指数		A股20%比例纳入MSCI指数	
	t值	p值	t值	p值
−12	−2.32	0.020 340 877	0.52	0.603 063 575
−11	−1.86	0.062 885 526	−2.08	0.037 525 533
−10	0.38	0.703 945 415	−1.43	0.152 717 019
−9	1.36	0.173 829 924	2.17	0.030 006 846
−8	−0.89	0.373 465 886	−0.38	0.703 945 415
−7	−1.43	0.152 717 019	0.62	0.535 257 787
−6	−1.28	0.200 545 136	−2.74	0.006 143 918
−5	−2.58	0.009 880 032	0.48	0.631 227 393
−4	3.19	0.001 422 728	2.39	0.016 848 373
−3	1.47	0.141 561 754	−1.42	0.155 607 681
−2	−0.86	0.389 789 043	−1.97	0.048 838 371
−1	0.67	0.502 857 79	−1.28	0.200 545 136
0	−2.99	0.002 789 774	2.13	0.033 171 613
1	3.45	0.000 560 587	1.78	0.075 075 961
2	2.87	0.004 104 718	2.31	0.020 888 154
3	2.42	0.015 520 507	3.77	0.000 163 248
4	−1.37	0.170 686 902	−0.96	0.337 055 215
5	0.76	0.447 254 585	3.27	0.001 075 475
6	2.76	0.005 780 136	2.54	0.011 085 247
7	1.33	0.183 518 271	−1.39	0.164 528 877
8	−2.82	0.004 802 365	2.97	0.002 977 997
9	−0.64	0.522 172 599	−1.03	0.303 010 006

续 表

时间	宣布 A 股纳入 MSCI 指数		A 股 20% 比例纳入 MSCI 指数	
	t 值	p 值	t 值	p 值
10	3.39	0.000 698 926	−2.74	0.006 143 918
11	−2.18	0.029 257 462	1.11	0.266 999 026
12	−0.63	0.528 694 584	2.75	0.005 959 526
13	2.78	0.005 435 89	−2.38	0.017 312 638
14	−2.63	0.008 538 487	1.29	0.197 050 658
15	1.27	0.204 084 63	2.54	0.011 085 247

表 2-7　累计超额收益率的显著性检验

时间	窗口期	均值	t 值	p 值
宣布 A 股纳入 MSCI 指数	(−2, 2)	0.003 4	2.38	0.017 312 638
	(−5, 5)	0.005 8	3.06	0.002 213 37
	(−10, 10)	0.004 9	2.98	0.002 882 484
	(−15, 15)	0.004 4	3.54	0.000 400 127
A 股 20% 比例纳入 MSCI 指数	(−2, 2)	0.003 8	1.97	0.048 838 371
	(−5, 5)	0.003 5	2.54	0.011 085 247
	(−10, 10)	−0.001 4	−1.49	0.136 224 236
	(−15, 15)	0.003 2	3.02	0.002 527 747

从表 2-6、表 2-7 中可以看出,宣布 A 股纳入 MSCI 指数之前的 15 天中,只有 5 天超额收益率是显著的,但是在宣布 A 股纳入 MSCI 指数以后的 15 天中,有 9 天超额收益率是显著的,而且大多为正数,同时,四个事件窗口期(−2, 2)、(−5, 5)、(−10, 10)和(−15, 15)

的累计超额收益率检验结果都是显著为正的,从而说明宣布 A 股纳入 MSCI 指数对股票市场的收益率有较强的正公告效应。

同样,A 股 20% 比例纳入 MSCI 指数之前的 15 天中,有 7 天超额收益率是显著的,但是 A 股 20% 比例纳入 MSCI 指数以后的 15 天中,有 10 天超额收益率是显著的,而且大多为正数,同时,从四个事件窗口期(−2,2)、(−5,5)、(−10,10)和(−15,15)的累计超额收益率检验结果来看,虽然(−10,10)窗口期的累计超额收益率为负,但不显著,其余都是显著为正的,从而说明 20% 比例纳入 MSCI 指数对股票市场的收益率也有较强的正公告效应。

三、对股票价格波动率的影响

中国 A 股纳入 MSCI 指数后,境外资金的涌入以及证券市场投资者情绪的高涨确实能够给投资者带来比较高的正向收益率。资本开放是一把"双刃剑":一方面,随着境外投资者的引进,境外投资者带来了新的投资理念,能够促进资本市场的繁荣,推动我国资本市场的发展;另一方面,新兴经济体股票市场发展不充分,监管制度不完善,资本市场开放可能加剧股票市场的波动。那么,A 股纳入 MSCI 指数能否降低股票市场的波动率?随着时间的推移以及 A 股纳入 MSCI 指数的比例逐渐提高,股票市场的波动率是否逐渐降低?这里将股票纳入 MSCI 指数看成一个自然事件,纳入 MSCI 指数的股票组成实验组,通过倾向得分匹配方法选出对照组,然后利用双重差分法(Difference in Differences)分析 A 股纳入 MSCI 指数能否降低股票市场的波动率。

(一)股票价格波动率的度量

衡量股票价格波动率的方法有很多,常用的有如下几种。

1. 历史波动率的方法

股票价格历史波动率的计算方法比较简单,就是计算标的资产收益率的样本标准差。先计算标的资产对数收益率:

$$u_i = \ln\left(\frac{S_i}{S_{i-1}}\right)$$

其中 S_i 表示第 i 个观察日标的资产的价格。那么标的资产收益的历史波动率(样本标准差)为:

$$s = \sqrt{\frac{1}{n-1}\sum_{i=1}^{n}(u_i - \bar{u})^2}$$

或者写为:

$$s = \sqrt{\frac{1}{n-1}\sum_{i=1}^{n}u_i^2 - \frac{1}{n(n-1)}\left(\sum_{i=1}^{n}u_i\right)^2}$$

其中 $\bar{u}$ 为 u_i 的平均数,年化波动率为 $\sigma = s/\sqrt{\tau}$,其中 τ 为时间长度。

下面选取沪深 300 指数从 2006 年 1 月 4 日—2023 年 3 月 31 日的收盘价,以一年时间为滚动窗口,计算其历史波动率,得到的数据图像如图 2-12 所示。

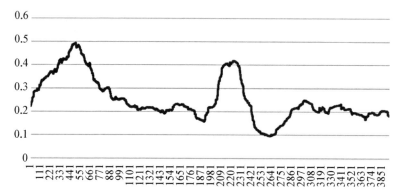

图 2-12　沪深 300 指数滚动窗口的历史波动率

2. 加权波动率的方法

可以看出,历史波动率的计算中是假设所有日期对未来波动率的影响比重都是相等的,然而越近日期的价格对波动率影响程度越大,因此要对日期的比重进行加权处理。为方便起见,假设收益率的均值等于零,也就是 $\frac{1}{n}\sum_{i=1}^{n}u_i=0$,则加权波动率的公式可以写为:

$$\sigma_n^2 = \frac{1}{n}\sum_{i=1}^{n}u_{n-i}^2$$

由于对较近的日期的波动率应该赋予更高的权重,因此模型改写为:

$$\sigma_n^2 = \sum_{i=1}^{n}\alpha_i u_{n-i}^2$$

其中,α_i 为前 i 天标的资产观察值对应的权重,而且 $i<j$,那么 $\alpha_i > \alpha_j$,同时权重必须保持等于 1,也就是:

$$\sum_{i=1}^{n}\alpha_i = 1$$

3. 指数加权移动平均模型(EWMA)

指数加权移动平均模型是由摩根大通公司于 1994 年提出的,因为模型需要的参数比较少,因此受到欢迎。该模型的本质还是将越近日期的波动率赋予越高的权重,公式为:

$$\sigma_n^2 = \lambda \sigma_{n-1}^2 + (1-\lambda)u_{n-1}^2$$

其中,λ 是一个 0—1 之间的常数。这种方法的好处是体现了日期的权重是以指数级别下降的。为说明这点,进行下面的迭代过程:

$$\sigma_n^2 = \lambda \sigma_{n-1}^2 + (1-\lambda)u_{n-1}^2 = \lambda[\lambda \sigma_{n-2}^2 + (1-\lambda)u_{n-2}^2] + (1-\lambda)u_{n-1}^2$$
$$= (1-\lambda)(u_{n-1}^2 + \lambda u_{n-2}^2) + \lambda^2 \sigma_{n-2}^2$$

一直迭代下去可得：

$$\sigma_n^2 = (1-\lambda)\sum_{i=1}^{k}\lambda^{i-1}u_{n-i}^2 + \lambda^k\sigma_{n-k}^2$$

从第一项可以看出，由于 λ 是一个 $0-1$ 之间的常数，因此 u_i^2 的权重是 λ^i，随着时间 i 的改变呈现指数级下降。

摩根大通公司选取 $\lambda=0.94$ 来更新波动率的计算过程，发现对于许多股票市场的变量而言，这种方法与实际计算的方差误差较小。

下面选取 $\lambda=0.94$ 计算沪深 300 指数的波动率，结果如图 2-13 所示。

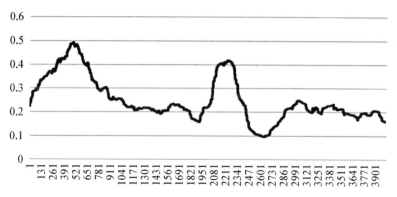

图 2-13　沪深 300 指数的波动率（指数加权法）

（二）实证过程与结果分析

1. 双重差分法

双重差分法是一种比较成熟的政策分析评价方法，用来评价某个政策的实施效果，如开通高铁、智慧城市或自贸区设立等政策对经济的影响。双重差分法是将某项政策的实施看作一项自然实验（经济政策的实施一般被看成准自然实验），受到政策实施影响的样本组成实验组，没有受到政策实施影响的样本组成对照组，通过两次差分的方法,分析政策实施所造成的净影响。

这里将股票是否纳入 MSCI 指数看成一个准自然实验,纳入 MSCI 指数的股票作为实验组,未纳入 MSCI 指数的股票组成对照组,构建如下模型:

$$Dev_{it} = \alpha_0 + \lambda D_i \times D_t + \alpha_1 Turnover_{it} + \alpha_2 Return_{it} + \alpha_3 Ampl_{it} + \alpha_4 LnAmount_{it} + \varepsilon_{it}$$

其中,Dev_{it} 表示股票 i 在第 t 期的波动率;对个体虚拟变量 D_i,已经纳入 MSCI 指数的股票,$D_i=1$,否则 $D_i=0$;对时间虚拟变量 D_t,在纳入 MSCI 指数之前 $D_t=0$,纳入 MSCI 指数后 $D_t=1$。双重差分法中,重点要关注这两个虚拟变量的交乘项 $D_i \times D_t$ 系数的显著性,如果该系数显著,说明有政策效应,也就是纳入 MSCI 指数这个事件确实能影响股票的波动率,如果系数显著为负,说明纳入 MSCI 指数会降低股票的波动率。参照其他文献的做法,选取的控制变量有:股票换手率($Turnover$)、股票收益率($Return$)、股票价格振幅($Ampl$)及股票成交额的自然对数($LnAmount$)。

2. 倾向得分匹配

倾向得分匹配解决的是选择偏差问题(控制混杂因素)。倾向得分匹配就是利用倾向评分值,从对照组中为实验组中的每个个体寻找一个或多个背景特征相同或相似的个体作为对照,最大限度降低了其他混杂因素的干扰。如果将所有没有纳入 MSCI 指数的股票作为对照组,可能会存在样本选择偏误的问题,也就是股票波动率的差异并不一定是由于是否纳入 MSCI 指数成分股所引起的,也有可能是由于对照组和实验组股票的其他特征所造成的,因果关系得不到确认。因此,要通过倾向匹配得分法选出与实验组其他特征基本相同的对照组,实验组和对照组的差别只在于是否纳入MSCI指数,这样就可以说明股票波动率的差异确实来源于其是否纳入MSCI指数。

3. 样本选择与描述性统计

考虑到纳入MSCI指数对股票市场作用的时效性,选取2017年(首次纳入MSCI指数的前一年)6月至2020年(20%比例纳入MSCI指数的后一年)12月的上市公司,并进行如下筛选:(1)剔除金融行业公司;(2)剔除ST公司、B股和H股票公司;(3)剔除样本期间停牌的公司;(4)剔除在明晟公司半年度和季度审议会议上被踢出MSCI指数的公司。见表2-8。最终得到上市公司月度面板数据38 209条记录,股票交易数据来源于Wind数据库。

表2-8 明晟公司对MSCI新兴市场指数的成分股的调整

审核时间	剔出股票数	选入股票数	现存股票数
2018年5月	0	226	226
2018年8月	0	10	236
2018年11月	7	6	235
2019年2月	1	5	239
2019年5月	4	26	261
2019年8月	1	14	274
2019年11月	1	199	472
2020年2月	7	3	468
2020年5月	39	45	474
2020年8月	1	3	476
2020年11月	40	39	475

资料来源:明晟公司网站。

为避免极端数据带来的影响,对主要连续变量均在1%和99%的水平上进行Winsorize缩尾处理。表2-9列出了通过倾向匹配得分法得到的实验组和对照组股票变量的描述统计结果。

表2-9 倾向匹配得分法实验组和对照组描述统计结果

样 本	实验组		对照组		差 值	
	均值	标准差	均值	标准差	差 值	t统计量
收益率	0.000 13	0.000 17	0.000 29	0.000 26	−0.000 16	−0.372
换手率	3.21	1.38	3.76	1.56	−0.55	−1.282
成交额	16.33	3.92	15.51	3.72	0.82	1.376
振幅	1.14	1.65	1.23	1.55	−0.09	−0.768

从结果可以看出,实验组和对照组差值的t统计量不显著,说明虽然实验组和对照组有差异,但是不显著,可以认为这种差异是由于抽样所造成的,并不是总体有差异,因此倾向匹配是比较成功的。

4. 平行趋势检验

双重差分法的前提是在政策实施之前,实验组和对照组要有相同的平行趋势,能通过平行趋势检验。为此引入虚拟变量$Pre3$、$Pre2$、$Pre1$、$Pre0$以及$After1$,其中在股票纳入MSCI指数的当期,$Pre0$赋值为1,否则为0;$Pre3$、$Pre2$、$Pre1$分别是股票纳入MSCI指数前3个月、前2个月和前1个月的虚拟变量,$After1$是股票纳入MSCI指数后1个月的虚拟变量。

表 2-10　平行趋势检验结果

变量	Dev
$Pre3$	−0.000 22 (−1.437)
$Pre2$	−0.000 13 (−0.118)
$Pre1$	0.000 14 (1.228)
$Pre0$	−0.000 18 (−1.471)
$After1$	0.000 11** (1.992)
C	0.541 3 (1.146)
控制变量	是
R^2	0.141

注：括号中的数为 t 值，*、**、*** 分别表示 10%、5%、1%下显著。

从表 2-10 可以看出，变量 $Pre3$、$Pre2$、$Pre1$、$Pre0$ 的回归系数均不显著，而 $After1$ 的系数显著，说明通过了平行趋势检验。

5. 基准回归结果

通过平行趋势检验后，可以进行基准回归，得到结果如表 2-11 所示。

表 2-11　基准回归结果

变量	Dev
$D_i \times D_t$	−0.000 65*** (−3.093)

续 表

变　量	Dev
$Turnover$	0.013** (1.988)
$Return$	0.011** (2.346)
$Ampl$	0.002* (1.882)
$LnAmount$	−1.335 1** (−2.427)
C	−0.000 44 (−0.597)
R^2	0.096 5

注：括号中的数为 t 值，*、**、***分别表示10%、5%、1%下显著。

从结果可以看出，由于 $D_i \times D_t$ 的系数显著为负，因此认为股票纳入MSCI指数后，能够显著降低股票的波动率。

6. 稳健性检验

(1) 改变波动率的计算方法

上面是采用GARCH模型计算股票价格的波动率，这里采用历史波动率方法计算股票价格波动率，得到的回归结果如表2-12所示。

表2-12　稳健性回归结果

变　量	Dev（历史波动率）
$D_i \times D_t$	−0.000 77*** (−3.765)
$Turnover$	0.021** (1.993)

续　表

变　量	Dev（历史波动率）
$Return$	0.009*** (3.175)
$Ampl$	0.008*** (2.769)
$LnAmount$	−1.568 2** (−2.348)
C	−0.000 53 (−0.774)
R^2	0.087 2

注：括号中的数为 t 值，*、**、*** 分别表示10%、5%、1%下显著。

可以看出表中的结果与上面的结论是一样的，改变股票价格波动率的计算方法也能够得到同样的结果，从而说明模型结果有一定的稳健性。

（2）改变政策实施时点

这里假设以2018年1月1日作为A股纳入MSCI指数的时间点，双重差分回归结果如表2-13所示。

表2-13　改变政策实施时间点的回归结果

变　量	Dev
$D_i \times D_t$	0.000 12 (1.016)
$Turnover$	0.018* (1.846)
$Return$	0.007 (1.362)

续 表

变 量	Dev
Ampl	0.005* (1.769)
LnAmount	−1.892 (−0.047)
C	−0.000 78 (−1.442)
R^2	0.072 6

注：括号中的数为 t 值，*、**、*** 分别表示 10%、5%、1% 下显著。

从表 2-13 可以看出，交互项的系数不显著，改变政策实施的时间导致回归结果不一样，根据双重差分方法的原理，说明股票波动率的改变确实是由 A 股纳入 MSCI 指数所造成的。

可以看出，纳入 MSCI 指数以后，A 股公司股票确实存在正的收益率以及波动率降低现象，即所谓的公告效应，与其他文献得到的结论相同，也可以用三种假说来解释。股票纳入 MSCI 指数以后，会导致超额需求，获得正的超额收益，但长期来看会稳定到均

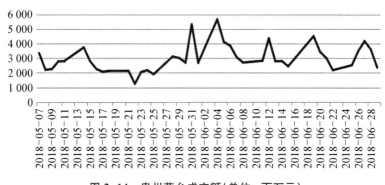

图 2-14 贵州茅台成交额（单位：百万元）

衡的状态,同时纳入MSCI指数以后,更加能够获取投资者的关注度。这里以贵州茅台股票为例,对比股票纳入 MSCI 指数前后的成交额,以百度搜索中的"贵州茅台股价"搜索量来观察投资者对该股票的关注度变化。

可以看出,贵州茅台在 2018 年 5 月 7 日的成交额为 34.23 亿元,宣布纳入 MSCI 指数的第二个交易日即 2018 年 6 月 4 日,贵州茅台的成交额为 56.97 亿元,比 5 月初增长了 65%,而且 5 月的平均成交额为 26.47 亿元,6 月的平均成交额为 33.47 亿元,增长了 25%左右。这也印证了不完全替代假说,即短期内股票纳入 MSCI 指数以后,市场会大量买入 MSCI 指数中的股票,从而形成股票的超额收益。但是从 6 月 22 日开始,贵州茅台的成交额变化不是很大,稳定在均衡水平,这也印证了价格压力假说。

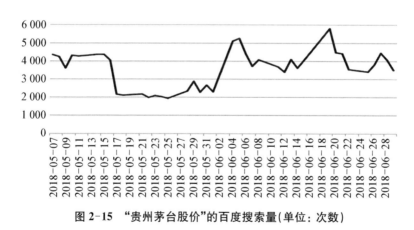

图 2-15 "贵州茅台股价"的百度搜索量(单位:次数)

就投资者的关注度而言,从图 2-15 可以看出,2018 年 6 月的百度搜索中对"贵州茅台股价"的搜索量日均值为 4 058 次,而 5 月的日平均搜索量为 3 055 次,6 月比 5 月增加了一千多次,说明茅台股票的市场关注度明显增强。这也印证了投资者关注度变化假说,投资者关注度增加是使得纳入 MSCI 指数的股票存在超额收益率的一个重要因素。

第四节 其他新兴股票市场纳入 MSCI 指数的影响

下面考察其他新兴股票市场情形。选取其他新兴经济体的股票价格指数,考察其纳入 MSCI 指数以后收益率和波动率的变化情况,所得结果见表 2-14 和表 2-15。

表 2-14 其他新兴股票市场纳入 MSCI 指数后的股票指数收益率变化

国家或地区	纳入 MSCI 指数的时间	代表指数	后 1 个月(%)	后 3 个月(%)	后 6 个月(%)	后 12 个月(%)
印度尼西亚	1989 年 9 月	印尼综合指数	−5.89	−17.60	7.72	17.80
印度	1994 年 2 月	印度 SENSEX30	8.20	−5.90	8.03	−10.30
波兰	1995 年 3 月	华沙 WIG	−5.70	17.40	29.30	70.40
南非	1995 年 3 月	南非综合指数	1.70	4.70	5.12	23.90
捷克	1996 年 9 月	布拉格综指	0.51	5.52	6.67	10.20
匈牙利	1996 年 9 月	布达佩斯股价指数	3.11	6.72	45.10	73.20
俄罗斯	1997 年 12 月	俄罗斯 MOEX	28.20	11.40	−41.10	−28.3
埃及	2001 年 6 月	开罗 CASE30	−10.30	−25.40	−31.30	−40.10
卡塔尔	2013 年 6 月	卡塔尔 DSM 20 指数	1.20	3.80	11.60	41.10

续 表

国家或地区	纳入MSCI指数的时间	代表指数	后1个月(%)	后3个月(%)	后6个月(%)	后12个月(%)
阿联酋	2013年6月	阿联酋DFM综合股票指数	−4.50	0.21	10.10	83.30
		平均收益率	1.65	0.08	5.12	24.12
		上涨概率	60	70	80	70

从表2-14结果可以看出,纳入MSCI指数后新兴经济体股票市场上涨的概率和幅度均有所增加,纳入MSCI指数后新兴经济体股票市场后1个月、后3个月、后6个月和后12个月的平均收益率均为正,而且纳入MSCI指数后12个月,随着境外资金的不断涌入和投资者的热情增加,股票市场的收益率明显增加,平均收益率达到了24.12%,给投资者带来了比较丰厚的收益,说明纳入MSCI新兴指数对新兴经济体股票市场总体而言有积极的正面影响,而且纳入MSCI指数后1个月至12个月各新兴经济体股票市场上涨的概率均超过60%,平均收益率均为正,随着时间延长,纳入MSCI指数后6个月以及后12个月,新兴经济体的股票市场上涨的概率高达80%(8/10)和70%(7/10),平均上涨的幅度为5.12%和24.12%。

表2-15 其他新兴股票市场纳入MSCI指数后的股票指数波动率变化

国家或地区	纳入MSCI指数的时间	代表指数	后1个月(%)	后3个月(%)	后6个月(%)	后12个月(%)
印度尼西亚	1989年9月	印尼综合指数	24.43	22.08	19.98	22.94
印度	1994年2月	印度SENSEX30	39.59	29.24	23.93	21.08

续　表

国家或地区	纳入 MSCI 指数的时间	代表指数	后1个月(%)	后3个月(%)	后6个月(%)	后12个月(%)
波兰	1995年3月	华沙 WIG	25.44	23.19	22.76	25.04
南非	1995年3月	南非综合指数	40.55	36.23	35.57	31.85
捷克	1996年9月	布拉格综指	33.81	30.76	29.54	30.66
匈牙利	1996年9月	布达佩斯股价指数	16.99	15.66	21.44	20.79
俄罗斯	1997年12月	俄罗斯 MOEX	63.31	58.79	59.54	60.59
埃及	2001年6月	开罗 CASE30	32.22	35.88	35.43	32.00
卡塔尔	2013年6月	卡塔尔 DSM 20 指数	11.40	10.03	12.55	12.97
阿联酋	2013年6月	阿联酋 DFM 综合股票指数	20.86	19.44	26.23	23.43
		平均波动率	30.86	28.13	28.70	28.14

从表 2-15 结果可以看出,随着纳入 MSCI 指数的时间延长,新兴股票市场的波动率的平均值逐渐变小,市场越来越稳定,从后 1 个月的 30.86% 降到后 12 个月的 28.14%,减少了 9 个百分点左右。总之,纳入 MSCI 指数对新兴经济体股市有积极正面的影响,存在比较显著的公告效应。

第三章

新兴股票市场与发达股票市场的联动性研究

第一节 时间序列分析基础

本书的研究涉及时间序列数据,本节介绍一些相关的概念以及分析时间序列所用的方法。

一、一元时间序列分析

按照数据集的形式,通常可以将数据分为三类:截面数据、时间序列数据和面板数据。截面数据是在相同或者相近时间点上收集的数据,描述的是全体在某一时刻或者某一时间段的变化情况,如 2020 年我国各省区市的人口数普查结果以及 2023 年 3 月 31 日上海证券交易所所有上市公司的收盘价。时间序列数据是指在不同时间点收集到的同一主体数据,描述的是主体特征随时间变化的规律,如 1952—2023 年我国人口数以及某只股票从上市至今的收盘价数据。面板数据是指对若干个单位在不同时间重复跟踪调查所形成的数据,如连续收集 20 年得到的上海证券交易所上市公司的财务数据,如企业规模、市盈率、每股收益等。表 3-1 列出了时间序列数据、截面数据和面板数据在主体和发生时间两个维度的区别。

表 3-1 三种数据类型的区别

数据类型	主　体	时　间
时间序列数据	主体不变	时间变化
截面数据	主体变化	时间不变
面板数据	主体变化	时间变化

(一) 平稳与非平稳时间序列

1. 平稳时间序列

时间序列分析中比较重要的概念是平稳性,因为平稳的时间序列有比较好的性质,可以直接建模。对于随机时间序列的平稳性,有很多种定义方法,常用的是弱平稳,也称为协方差平稳或者二阶平稳。对于随机时间序列$\{y_t\}$,如果其期望值、方差和自协方差均不随时间t的变化而变化,则称$\{y_t\}$是弱平稳的时间序列,即对于所有时间t,均有:

(1) $E(y_t) = \mu$,为常数

(2) $\text{var}(y_t) = \sigma^2$,为常数

(3) $\gamma_j = E(y_t - \mu)(y_{t-j} - \mu)$,$j = 0, \pm 1, \pm 2, \cdots$

从定义可以看出,凡是弱平稳的时间序列,都有一个恒定不变的均值和方差,并且自协方差的值只是y_t和y_{t-j}之间的滞后期数j的函数,而与时间t没有关系。

与弱平稳对应的概念是强平稳。强平稳的定义是:如果对于任何$j_1, j_2, \cdots, j_k$,随机变量的集合$(y_t, y_{t+j_1}, y_{t+j_2}, \cdots, y_{t+j_k})$只依赖于不同期之间的间隔距离$(j_1, j_2, \cdots, j_k)$,而与时间$t$没有关系,则称时间序列$\{y_t\}$为强平稳。强平稳过程是从随机变量的联合分布来定义的,而弱平稳是从随机变量的数字特征来定义的,两者没有必然的联系。但是在二阶数字特征存在的情况下,强平稳的时间序列必然是弱平稳的。而弱平稳相对强平稳的限制条件较少,但是在随机变量服从正态分布的情形下,因为期望、方差和协方差能够决定多维正态分布,此时弱平稳的过程也是强平稳的。

金融时间序列分析中常用的平稳过程是白噪声过程,如果组成一个随机过程的所有随机序列均值为0、方差为恒值且相互独

立,则称该过程为白噪声过程,即对所有时间 t,满足下列条件:

(1) $E(y_t)=0$

(2) $\text{var}(y_t)=\sigma^2$

(3) $\text{cov}(y_t, y_{t-k})=0, k \neq 0$

白噪声过程性质比较好,是构建金融时间序列模型的基础工具,服从正态分布的白噪声过程称为高斯白噪声过程,在计量经济学中比较常用。

对于平稳的时间序列,可以用 $\text{ARMA}(p, q)$ 来建模并进行预测,其中 p 和 q 的阶数可由时间序列 $\{y_t\}$ 的偏自相关函数和自相关函数的特征来确定。

2. 非平稳时间序列

在现实生活中经常会遇到非平稳时间序列,特别是在金融问题中,股票价格以及价格指数受到其水平因素的影响,往往是一个非平稳的时间序列。非平稳时间序列的"非平稳性"原因有很多种,比如时间序列变量的一阶矩(期望值)或者二阶矩是非恒定的。在大多数情形下,时间序列的非平稳性源于其存在的趋势。从趋势的来源可以将非平稳的时间序列分为确定趋势模型和随机趋势模型。所谓确定趋势模型,是指模型中含有明确的时间 t,从而使得时间序列变量 $\{y_t\}$ 明确地随时间增长或者下降,可以写为:

$$y_t = a + bt + \varepsilon_t, t = 1, 2, 3, \cdots$$

其中 ε_t 表示均值为 0 的平稳随机变量。

很显然,两边取期望有:

$$E(y_t) = a + bt$$

说明时间序列 $\{y_t\}$ 的均值是随着时间变化的,从而是非平稳的。当然,确定趋势模型中的趋势部分也可以是二次型或者三次型的时间函数：
$$y_t = a + bt + ct^2 + \varepsilon_t, \quad y_t = a + bt + ct^2 + dt^3 + \varepsilon_t,$$
$$t = 1, 2, 3, \cdots$$

另一种常遇到的非平稳时间序列是随机游走过程：
$$y_t = y_{t-1} + \varepsilon_t$$

其中 ε_t 表示均值为 0、方差为 σ^2 的白噪声过程。

其迭代求解结果为：$y_t = \sum_{i=1}^{t} \varepsilon_i + y_0$，所以均值 $E(y_t) = y_0$，其无条件均值是恒定不变的，等于其初始值。

方差 $\mathrm{var}(y_t) = \mathrm{var}(\sum_{i=1}^{t} \varepsilon_i + y_0) = t\sigma^2$，从而可以看出，其方差与时间有关，而且当时间趋向于无穷时，方差趋向于无穷大，因此是非平稳过程。通过计算其自协方差也会发现，自相关函数为：
$$\rho_j = \sqrt{\frac{t-j}{t}}$$

它也与时间有关，从而随机游走过程是非平稳的时间序列。

随机游走过程在经济和金融领域中占有非常重要的地位，随机游走过程经常用来检验股票市场是否有效。还有一种带有截距项的随机游走过程：
$$y_t = c + y_{t-1} + \varepsilon_t$$

迭代求解结果为：
$$y_t = ct + \sum_{i=1}^{t} \varepsilon_i + y_0$$

可见，带有截距项的随机游走过程包含了一个确定性趋势部分 ct，同时又有一个随机趋势部分 $\sum_{i=1}^{t} \varepsilon_i + y_0$。求出带有截距项随机游走过程的期望和方差以及自协方差,发现其也不是平稳时间序列。

为了简单演示平稳时间序列和非平稳时间序列之间的区别,下面用 EViews11 软件模拟这两种过程。用 $y_t=0.1+0.5y_{t-1}+\varepsilon_t$ 代表平稳时间序列,用随机游走过程 $y_t=0.1+y_{t-1}+\varepsilon_t$ 代表非平稳时间序列(因为特征值等于 1,所以是单位根过程)。为了使结果比较稳定,选取模拟的样本容量为 10 000 个,软件模拟结果如图 3-1、图 3-2 所示。

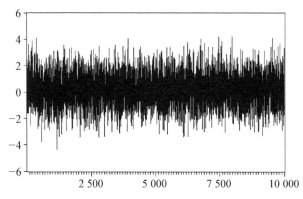

图 3-1 序列 $y_t=0.1+0.5y_{t-1}+\varepsilon_t$ 模拟图形(平稳)

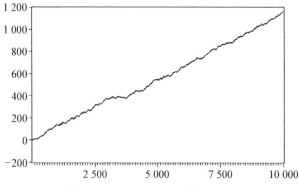

图 3-2 序列 $y_t=0.1+y_{t-1}+\varepsilon_t$ 模拟图形(非平稳)

从图 3-1、图 3-2 可以看出，平稳的时间序列围绕着某个水平轴（均值）上下波动，而非平稳的时间序列有很强的趋势性，即使有些非平稳的时间序列没有明显的趋势，但是其趋势是随机的，如图 3-3 所示。虽然两者都是由 $y_t = y_{t-1} + \varepsilon_t$ 模拟出来的，但是两者的趋势完全不同。经过多次模拟可以看出，随机游走过程的趋势具有随机性，这也是非平稳时间序列的一个典型的特征。

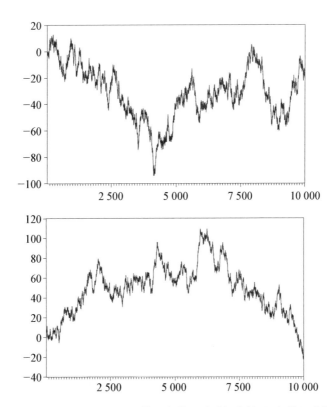

图 3-3 由 $y_t = y_{t-1} + \varepsilon_t$ 模拟出的两种随机趋势图形（非平稳）

下面计算平稳时间序列 $y_t = 0.1 + 0.5 y_{t-1} + \varepsilon_t$ 两次模拟结果的统计量值（见图 3-4）。

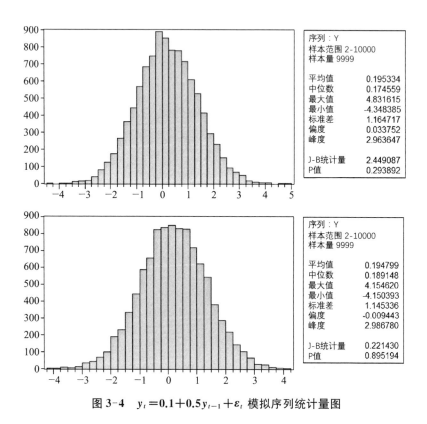

图 3-4　$y_t=0.1+0.5y_{t-1}+\varepsilon_t$ 模拟序列统计量图

平稳过程 $y_t=0.1+0.5y_{t-1}+\varepsilon_t$ 的理论均值为 $\dfrac{1}{1-0.5}=2$，标准差为 $\sqrt{\dfrac{1}{1-0.5^2}}=1.1547$。从图 3-4 可以看出，两次模拟过程得到的数据均值和标准差与理论值误差都很小，重复多次也能得到同样的结论。

下面是非平稳的随机游走过程两次抽样模拟的统计量结果（见图 3-5）。

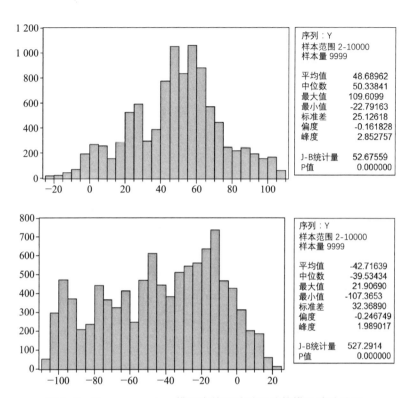

图 3-5 由 $y_t = y_{t-1} + \varepsilon_t$ 模拟出的两种随机趋势描述统计结果

从图 3-5 可以看出,两者的均值和方差有很大的区别,不会收敛于某个值,因为非平稳时间序列不满足遍历性。这也是平稳时间序列和非平稳时间序列之间的区别。

3. 单位根检验

上文讨论了平稳时间序列和非平稳时间序列的简单区别,但判断时间序列是否平稳还需要基于一定的理论方法。单位根检验是判断时间序列是否平稳的比较正式的方法。单位根检验中以 David Dicky 和 Wayne Fuller(1979)提出的 DF 检验和 ADF 检验最为常用。

对于 AR(1)模型：

$$y_t = c + \alpha y_{t-1} + \varepsilon_t$$

检验时间序列$\{y_t\}$是否含有单位根，只需要检验原假设$\alpha=1$，但是在此假设成立（也就是原序列非平稳）的情况下，传统的t检验统计量将不再服从t分布，需要用τ统计量。

AR(1)模型有三种形式：

$$\text{I}: y_t = \alpha y_{t-1} + \varepsilon_t$$
$$\text{II}: y_t = c + \alpha y_{t-1} + \varepsilon_t$$
$$\text{III}: y_t = c + \gamma t + \alpha y_{t-1} + \varepsilon_t$$

在原假设条件下，情况 I 对应的是随机游走过程，情况 II 对应的是带有截距项的随机游走过程，情况 III 对应的是既带有截距项又带有时间趋势的随机游走过程。

因此，DF 检验有如下三种形式：

$$\text{I}: \Delta y_t = \phi y_{t-1} + \varepsilon_t$$
$$\text{II}: \Delta y_t = c + \phi y_{t-1} + \varepsilon_t$$
$$\text{III}: \Delta y_t = c + \gamma t + \phi y_{t-1} + \varepsilon_t$$

原假设和备择假设为：

$$H_0: \phi = 0$$
$$H_1: \phi < 0$$

如果拒绝原假设，则说明$\{y_t\}$是平稳的，这就是 DF 检验。

DF 检验的是 AR(1)模型，但是金融问题中的时间序列可能是 AR(p)模型，此时用 ADF 检验（增广的 DF 检验），模型可以写为：

$$\Delta y_t = c + \rho y_{t-1} + \sum_{i=2}^{p} \phi_i \Delta y_{t-(i-1)} + \varepsilon_t$$

$$\begin{cases} \rho = (\sum_{i=1}^{p} \alpha_i) - 1 \\ \phi_i = -\sum_{j=i}^{p} \alpha_j \end{cases}$$

原假设和备择假设为：

$$H_0: \rho = 0$$

$$H_1: \rho < 0$$

如果拒绝原假设，则说明$\{y_t\}$是平稳的。除了 ADF 单位根检验之外，比较成熟的单位根检验理论方法还包括 ERS-DFGLS 检验、Phillips-Perron 检验、KPSS 检验、ERS Point-Optimal 检验和 Ng-Perron 检验等。

(二) GARCH 族模型

GARCH 族模型是指除了 GARCH 模型本身以外，还有一些模型是基于 GARCH 模型发展起来的，用来解释更多的金融现象。在金融学研究中，我们不仅要关注资产的收益率，还要度量与资产收益率相关的风险，其中常用的指标是资产价格的波动率。波动率在金融中有许多重要的应用，如期权定价、资产配置以及计算在险价值等。尽管资产价格的波动率的定义非常明确，但是实际上不能被直接观测到。资产价格的波动率的特征往往可以从资产的收益率看出，总结下来有如下几点：① 波动率的变化随时间连续变化，很少发生跳跃；② 存在波动率聚集的现象，即波动率会在某个时段内比较高，在某个时段内比较低；③ 波动率一般在一个区间中变动，不会趋向于无穷大，波动率通常是平稳过程；④ 存在非对称效应。波动率对相同幅度的市场好消息和坏消息的反应是不同的,坏消息对股票价格的影响更大一些。Robert Engle 和 Tim Bollerslev 关注到波动率的这些特点,于 1982 年提出了刻画金融时间序列波动性的 ARCH 模型(条件异方差模型)。

1. ARCH 模型

ARCH 模型的建立源于时间序列具有 ARCH 效应。对时间序列进行建模回归以后,如果误差项之间不相关,但误差项的平方有一定的相关性,则称时间序列具有 ARCH 效应,如果时间序列有 ARCH 效应,则需要建立 ARCH 模型。建立 ARCH 模型分为两步:第一步是建立均值方程后进行残差检验,判断是否具有 ARCH 效应,如果有 ARCH 效应,则进行第二步,建立方差方程,也就是条件异方差方程,两个方程合在一起称为 ARCH 模型。最简单的 ARCH(1)模型为:

$$\begin{cases} y_t = X\theta + u_t, \ u_t \sim N(0, \sigma_t^2) \\ \sigma_t^2 = E(u_t^2 \mid u_{t-1}) = \alpha_0 + \alpha_1 u_{t-1}^2 \end{cases}$$

其中 u_t 表示无序列相关的随机扰动项。从上面的模型可以看出,模型克服了异方差的情形。Robert Engle 也因为该模型以及其他相关工作获得了 2003 年诺贝尔经济学奖。ARCH 理论模式已成为理论界和实务界用来评估股票价格和金融风险必不可少的工具。

将 ARCH(1)模型推广到 p 阶的形式,可得到 ARCH(p)模型:

$$\begin{cases} y_t = X\theta + u_t, \ u_t \sim N(0, \sigma_t^2) \\ \sigma_t^2 = E(u_t^2 \mid u_{t-1}, u_{t-2}, \cdots, u_{t-p}) \\ \quad = \alpha_0 + \alpha_1 u_{t-1}^2 + \cdots + u_{t-p}^2 \end{cases}$$

由此可以得到无条件期望方差为：

$$\sigma_t^2 = E(u_t^2) = \frac{\alpha_0}{1 - \alpha_1 - \cdots - \alpha_p}$$

2. GARCH 模型

在 ARCH(p) 模型的回归估计中，因为金融时间序列具有长记忆性等原因，经常需要很长的滞后期才能消除金融时间序列的 ARCH 效应，需要估计很多参数，从而影响模型的简洁性。根据 AR 模型和 MA 模型之间的联系，即 AR(1)模型与 $MA(\infty)$ 模型等价，Bollerselv(1986)在 ARCH 项中加入 GARCH 项，得到推广的条件异方差模型 GARCH(p,q)：

$$\begin{cases} y_t = X\theta + u_t, \ u_t \sim N(0, \sigma_t^2) \\ \sigma_t^2 = \alpha_0 + \sum_{i=1}^{p} \alpha_i u_{t-i}^2 + \sum_{j=1}^{q} \beta_j \sigma_{t-j}^2 \end{cases}$$

其无条件期望方差为：

$$\sigma_t^2 = E(u_t^2) = \frac{\alpha_0}{1 - \sum (\alpha_i + \beta_i)}$$

模型的约束条件为：

$$\sum (\alpha_i + \beta_i) < 1$$

金融时间序列分析中常用的 GARCH 模型阶数不会太高，金融实证中常用 GARCH(1,1)模型：

$$\begin{cases} y_t = X\theta + u_t, \ u_t \sim N(0, \sigma_t^2) \\ \sigma_t^2 = \alpha_0 + \alpha_1 u_{t-1}^2 + \beta_1 \sigma_{t-1}^2 \end{cases}$$

根据方差方程：

$$\sigma_t^2 = \alpha_0 + \alpha_1 u_{t-1}^2 + \beta_1 \sigma_{t-1}^2$$
$$\Rightarrow (1 - \beta_1 L)\sigma_t^2 = \alpha_0 + \alpha_1 u_{t-1}^2$$
$$\Rightarrow \sigma_t^2 = \frac{\alpha_0}{1-\beta_1} + \alpha_1 u_{t-1}^2 + \alpha_1 \beta_1 u_{t-2}^2 + \alpha_1 \beta_1^2 u_{t-3}^2 + \cdots$$

可以看出 GARCH(1, 1)模型能写为 $ARCH(\infty)$ 的形式,因此 GARCH(1, 1)模型一般情况下比 $ARCH(p)$ 模型要精确,而且待估计的参数也少,同时 u_{t-i}^2 的权重为 $\alpha_1 \beta_1^{i-1}$,权重以 β_1 的指数速度下降,也就是离现在越远日期的波动对现在波动率的影响比重越小。

3. 其他类型的 GARCH 模型

下面讨论 GARCH 族模型中的其他模型。金融资产的收益率常常与投资风险紧密相关,因此 Engle 等(1987)提出了 GARCH-in-Mean 模型,认为投资的风险越高,要求获得的收益就越高,因此在均值模型中需要加入波动率的因素:

$$\begin{cases} y_t = X\theta + \delta \sigma_t^2 + u_t, \ u_t \sim N(0, \sigma_t^2) \\ \sigma_t^2 = \alpha_0 + \alpha_1 u_{t-1}^2 + \beta_1 \sigma_{t-1}^2 \end{cases}$$

可以看到,均值方程中增加了衡量风险程度的变量 σ_t^2,其系数 δ 反映了收益率和风险之间的关系,一般有 $\delta > 0$,表明风险越大,要求的投资收益率越高。

在金融市场上,负面的冲击造成的影响往往大于正向的冲击造成的影响,即非对称效应,但在 $GARCH(p, q)$ 模型中,$u_{t-i}^2 = (-u_{t-i})^2 = (u_{t-i})^2$,不能分辨出正冲击和负冲击,因此 Glosten(1993)提出了非对称的 GARCH 模型,如 TGARCH 模型。利用虚拟变量,通过指示函数设置一个门限,来区分正的冲击和负的冲击,从而改进 GARCH 模型没有区分冲击影响的正负性的不足。

下面是只包含一个门限的 TGARCH 模型：

$$\begin{cases} y_t = X\theta + u_t, \ u_t \sim N(0, \sigma_t^2) \\ \sigma_t^2 = \alpha_0 + \alpha_1 u_{t-1}^2 + \delta u_{t-1}^2 \rho_{t-1} + \beta_1 \sigma_{t-1}^2 \end{cases}$$

其中 $\rho_{t-1} = \begin{cases} 0, \ u_{t-1} \geqslant 0 \\ 1, \ u_{t-1} < 0 \end{cases}$ 是指示函数。这样，方差方程中考虑了不同正负值对于条件波动率的影响，TGARCH 模型中的方差方程也可以写为：

$$\sigma_t^2 = \begin{cases} \alpha_0 + \alpha_1 u_{t-1}^2 + \beta_1 \sigma_{t-1}^2, \ u_{t-1} \geqslant 0 \\ \alpha_0 + (\alpha_1 + \delta) u_{t-1}^2 + \beta_1 \sigma_{t-1}^2, \ u_{t-1} < 0 \end{cases}$$

可以看出，如果 $\delta \neq 0$，那么存在非对称效应。但 TGARCH 中的方差方程不能保证计算出来的方差结果一定是正数，因此 Nelson(1991) 提出另一种非对称的 GARCH 模型，也就是 EGARCH 模型，其方差方程分析的是 $\ln \sigma_t^2$，即：

$$\begin{cases} y_t = X\theta + u_t, \ u_t \sim N(0, \sigma_t^2) \\ \ln \sigma_t^2 = \alpha_0 + \theta \dfrac{u_{t-1}}{\sigma_{t-1}} + \alpha_1 \dfrac{|u_{t-1}|}{\sigma_{t-1}} + \beta \ln \sigma_{t-1}^2 \end{cases}$$

从 EGARCH 模型的形式可以看出，虽然不能保证 $\ln \sigma_t^2$ 一定是正数，但是方差 $\sigma_t^2 = EXP(\ln \sigma_t^2)$ 的值肯定为正。EGARCH 模型中的方差方程可以直接写为：

$$\ln \sigma_t^2 = \begin{cases} \alpha_0 + (\alpha_1 + \delta) \dfrac{|u_{t-1}|}{\sigma_{t-1}} + \beta \ln \sigma_{t-1}^2, \ u_{t-1} > 0 \\ \alpha_0 + (\alpha_1 - \delta) \dfrac{|u_{t-1}|}{\sigma_{t-1}} + \beta \ln \sigma_{t-1}^2, \ u_{t-1} < 0 \end{cases}$$

可以看出，$\delta \dfrac{u_{t-1}}{\sigma_{t-1}}$ 决定了条件方差是否具有非对称效应。如果 $\delta=0$，那么不存在非对称效应，说明股票收益率不会随着利空、利好的消息出现不同的反应；如果 $\delta<0$，那么可以认为利空消息相对于利好消息对股票收益率的影响更大一些，说明存在非对称效应。

二、多元时间序列分析

在金融实证研究中，常用到多元时间序列模型来研究多个时间序列之间的变化关系。Sims(1980)提出的向量自回归模型（VAR模型）是最核心的内容，也就是简约式的VAR模型。VAR模型通常应用于相关时间序列系统的预测和随机误差对变量系统的动态冲击，侧重于解释经济冲击对经济变量造成的影响。由于简约式的VAR模型事前不考虑结构性的经济冲击，Carlo(1992)对VAR模型进行修正，提出结构向量自回归模型（SVAR）。为了克服VAR模型对数据量的限制和空间个体的异质性影响，Pesaran和Smith(1995)提出了基于面板数据的向量自回归模型（PVAR）。针对VAR模型假设经济结构不变，模型的参数在整个时期内是一致的，不会因外部环境的变化而改变，学者们提出了三种常见的非线性动态模型：Hamilton(1994)的马尔可夫机制转换向量自回归模型（Markov Switching Vector Auto Regression，MSVAR）、Andrews(1993)的门限向量自回归模型（Threshold Vector Auto Regression Model，TVAR）和平滑转换向量自回归模型（Smooth Transition Vector Auto Regressionmodel，STVAR）。VAR模型假定VAR系数以及扰动项的方差都是不变的，但随着时间的推移，经济体制、经济结构、政策偏好和技术等方面的因素不断发生变化,模型参数也会随之改变,传统的 VAR 模型显然不能刻画这种动态特征。Primiceri(2005)考虑了 VAR 系数和误差项方差的时变性,将模型扩展为带有随机波动的时变参数形式(TVP-SV-BVAR 模型),VAR 模型在时间序列分析中发挥着越来越重要的作用。

(一) VAR 模型简介

考虑两个平稳时间序列 x_t 和 y_t,假设 y_t 受到 x_t 及其滞后项的影响,而 x_t 也受到 y_t 及其滞后项的影响,模型可以写为:

$$\begin{cases} x_t = b_{10} - b_{12}y_t + \gamma_{11}x_{t-1} + \gamma_{12}y_{t-1} + u_{xt} \\ y_t = b_{20} - b_{21}x_t + \gamma_{21}x_{t-1} + \gamma_{22}y_{t-1} + u_{yt} \end{cases}$$

其中,u_{xt} 和 u_{yt} 是均值为 0,方差分别为 σ_x^2、σ_y^2 的白噪声过程,且相互独立,u_{xt} 和 u_{yt} 分别称为脉冲值。

上述模型是最简单的一种 VAR 模型,即一阶 VAR 模型,是由两个时间序列组成的一个系统。通过这个系统,变量之间相互影响。特别是脉冲值对于变量也会产生很大影响,形成脉冲响应函数,其矩阵形式为:

$$\begin{bmatrix} 1 & b_{12} \\ b_{21} & 1 \end{bmatrix} \begin{bmatrix} x_t \\ y_t \end{bmatrix} = \begin{bmatrix} b_{10} \\ b_{20} \end{bmatrix} + \begin{bmatrix} \gamma_{11} & \gamma_{12} \\ \gamma_{21} & \gamma_{22} \end{bmatrix} \begin{bmatrix} x_{t-1} \\ y_{t-1} \end{bmatrix} + \begin{bmatrix} u_{xt} \\ u_{yt} \end{bmatrix}$$

两边乘以

$$\begin{bmatrix} 1 & b_{12} \\ b_{21} & 1 \end{bmatrix}^{-1} \text{(假设存在)}$$

就可以得到向量自回归 VAR(1)模型的诱导形式:

$$\begin{cases} x_t = c_{10} + c_{11}x_{t-1} + c_{12}y_{t-1} + v_{xt} \\ y_t = c_{20} + c_{21}x_{t-1} + c_{22}y_{t-1} + v_{yt} \end{cases}$$

这里要说明的是，误差项 v_{xt} 和 v_{yt} 是相关的，与前面的系统中的误差项不相关有所区别。同样的道理，对于一般的 VAR(p) 模型都可以通过这种方式得到其相对应的诱导式模型。诱导式模型的优势在于方程右边都是前定变量。在实际建模中，可能希望滞后阶数 p 越大越精确，能够完全反映构造模型的动态特征，但是滞后阶数越大，待估计的参数就越多，从而自由度越少。因此，应在滞后阶数与自由度之间采取一种平衡，一般要根据信息准则如 AIC 和 SC 等来综合决定滞后的阶数。除了这两种信息准则外，常用的还有 FPE 以及 HQ 等信息准则。

表 3-2　VAR(p)模型滞后阶数选择的信息准则

Lag	LogL	LR	FPE	AIC	SC	HQ
0	32 034.38	NA	1.84e-08	−12.135 78	−12.133 29	−12.134 91
1	32 799.83	1 530.034	1.38e-08	−12.424 26	−12.416 79	−12.421 65
2	32 825.88	52.040 53*	1.37e-08*	−12.432 61*	−12.420 16*	−12.428 26*
3	32 829.35	6.927 161	1.37e-08	−12.432 41	−12.414 98	−12.426 32

对于表 3-2 中的信息准则结果，由于滞后二阶这行的"*"最多，根据信息准则，选择 VAR(2)模型是最优的。

(二) 格兰杰因果关系检验

格兰杰因果关系检验实质上是检验一个变量的滞后项能否对另外一个变量产生影响。如果有影响，或者说一个变量的滞后项对另外一个变量有预测能力，则称这种预测能力是格兰杰因果关系。

考察一个二元 VAR(p)模型：

$$\begin{bmatrix} y_{1t} \\ y_{2t} \end{bmatrix} = \begin{bmatrix} c_1 \\ c_2 \end{bmatrix} + \begin{bmatrix} \phi_{11}^{(1)} & \phi_{12}^{(1)} \\ \phi_{21}^{(1)} & \phi_{22}^{(1)} \end{bmatrix} \begin{bmatrix} y_{1,t-1} \\ y_{2,t-1} \end{bmatrix} + \begin{bmatrix} \phi_{11}^{(2)} & \phi_{12}^{(2)} \\ \phi_{21}^{(2)} & \phi_{22}^{(2)} \end{bmatrix} \begin{bmatrix} y_{1,t-2} \\ y_{2,t-2} \end{bmatrix}$$

$$+ \cdots + \begin{bmatrix} \phi_{11}^{(p)} & \phi_{12}^{(p)} \\ \phi_{21}^{(p)} & \phi_{22}^{(p)} \end{bmatrix} \begin{bmatrix} y_{1,t-p} \\ y_{2,t-p} \end{bmatrix} + \begin{bmatrix} \varepsilon_{1t} \\ \varepsilon_{2t} \end{bmatrix}$$

最直接判断格兰杰因果关系的方法是检验如下联合假设：

$$H_0: \phi_{12}^{(1)} = \phi_{12}^{(2)} = \cdots = \phi_{12}^{(p)} = 0$$

备择假设是这些系数至少有一个不为 0。

检验统计量为：

$$F = \frac{(RSS_0 - RSS_1)/p}{RSS_1/(T - 2p - 1)} \sim F(p, T - 2p - 1)$$

其中 RSS_0 表示无约束下回归残差平方和，RSS_1 表示约束条件成立下的残差平方和，T 为样本数量。

(三) 脉冲响应函数

VAR 模型系统中的滞后项系数比较多，因此 VAR 模型中的各个等式中的系数并不是研究者关注的对象，通常使用脉冲响应函数来解释 VAR 模型在经济学上的含义，考虑扰动项的影响如何传播影响系统中的变量。下面以两变量的 VAR(2) 模型来说明脉冲响应函数的基本思想。

$$\begin{cases} x_t = a_1 x_{t-1} + a_2 x_{t-2} + b_1 y_{t-1} + b_2 y_{t-2} + \varepsilon_{1t} \\ y_t = c_1 x_{t-1} + c_2 x_{t-2} + d_1 y_{t-1} + d_2 y_{t-2} + \varepsilon_{2t} \end{cases}$$

其中，a_i、b_i、c_i、d_i 是已知的常数，$\varepsilon_t = (\varepsilon_{1t}, \varepsilon_{2t})'$ 是误差项。假定上述系统从 0 期开始活动，且设变量以前期的值都为 0，$x_{-1} = x_{-2} = y_{-1} = y_{-2} = 0$，又设在第 0 期给定扰动项 $\varepsilon_{10} = 1$，$\varepsilon_{20} =$

0,并且其后各期均为 0,即 $\varepsilon_{1t}=\varepsilon_{2t}=0(t=1,2,\cdots)$,表示第 0 期时变号 x 受到了脉冲影响,然后考察模型中的变量 x 和 y 对这种脉冲的响应,并称为脉冲响应函数。

下面计算各期 x_t 与 y_t 的响应:

$t=0$ 时:$x_0=1$ 与 $y_0=0$

$t=1$ 时:$x_1=a_1$ 与 $y_1=c_1$

$t=2$ 时:$x_2=a_1^2+a_2+b_1c_1$,$y_2=a_1c_1+c_2+d_1c_1$

将不同期的 x_t 值排列成一行,称为变量 x_t 的脉冲响应函数:

$$x_0,x_1,x_2,x_3,\cdots$$

同样可以得到 x_t 的脉冲引起 y_t 的响应函数:

$$y_0,y_1,y_2,y_3,\cdots$$

当然,也可以假设从 $\varepsilon_{10}=0$,$\varepsilon_{20}=1$ 出发,求出由变量 y_t 的脉冲引起 x_t 的响应函数和对变量 y_t 的响应函数,脉冲响应函数能够描述误差项变化以后对于系统中变量的影响过程。

(四) 方差分解

所谓方差分解,是指一个冲击要素的方差能由其他随机扰动项解释多少。通过获得这个信息,可以获知每个特定的冲击因素对于变量的相对重要性。

Y_{t+h} 基于 Y_{t-j} 的线性预测可以写为:

$$\hat{Y}_{t+h|t}=\mu+F_{11}^{(h)}(Y_t-\mu)+F_{12}^{(h)}(Y_{t-1}-\mu)+\cdots\\+F_{1p}^{(h)}(Y_{t-(p-1)}-\mu)$$

未来 h 期预测所对应的均方差:

$$MSE(\hat{Y}_{t+h|t})=E[(Y_{t+h}-\hat{Y}_{t+h|t})(Y_{t+h}-\hat{Y}_{t+h|t})']\\=\Omega+\Psi_1\Omega\Psi_1'+\Psi_2\Omega\Psi_2'+\cdots+\Psi_{h-1}\Omega\Psi_{h-1}',\\\Omega=E(\varepsilon_t\varepsilon_t')$$

又,

$$\varepsilon_t = Au_t = a_1 u_{1t} + a_2 u_{2t} + \cdots + a_n u_{nt}$$
$$\Rightarrow \Omega = E(\varepsilon_t \varepsilon'_t) = a_1 a'_1 \text{var}(u_{1t}) + a_2 a'_2 \text{var}(u_{2t}) + \cdots + a_n a'_n \text{var}(u_{nt})$$

因此,第 j 个正交冲击项对未来 h 期预测的均方差的贡献为:

$$\text{var}(u_{jt})[a_j a'_j + \Psi_1 a_j a'_j \Psi'_1 + \Psi_2 a_j a'_j \Psi'_2 + \cdots + \Psi_{h-1} a_j a'_j \Psi'_{h-1}]$$

那么方差分解 R_j 公式为:

$$R_j = \frac{\text{var}(u_{jt})[a_j a'_j + \Psi_1 a_j a'_j \Psi'_1 + \cdots + \Psi_{h-1} a_j a'_j \Psi'_{h-1}]}{\sum_{j=1}^{n} \{\text{var}(u_{jt})[a_j a'_j + \Psi_1 a_j a'_j \Psi'_1 + \cdots + \Psi_{h-1} a_j a'_j \Psi'_{h-1}]\}}$$

虽然脉冲响应函数和方差分解的结果对 VAR 模型中变量的排序很敏感,但无论是正交脉冲响应还是方差分解,在研究经济变量之间的互动关系时还是非常有帮助的,当然也有办法使得脉冲响应函数和方差分解的结果与变量排序没有关系。特别当 VAR 系统中各个等式中的随机扰动项彼此之间的相关性比较小时,脉冲响应和方差分解受变量排序的影响就非常小。

在一个极端情况下,VAR 系统中的各个扰动项彼此正交、互不相关,那么矩阵 Ω 应该是对角矩阵,此时模型中的第 j 个方差贡献就变为:

$$\text{var}(u_{jt})[I_n + \Psi_1 \Psi'_1 + \Psi_2 \Psi'_2 + \cdots + \Psi_{h-1} \Psi'_{h-1}]$$

或者写成更简单的形式:

$$\sigma_j^2 \sum_{k=0}^{h-1} \psi_{ij,k}^2$$

这样,对 y_{it} 未来 h 期的预测方差归结到 u_{jt} 的贡献,或者说归结到

ε_{jt} 的贡献,即方差分解,可以计算为:

$$R_j = \frac{\sigma_j^2 \sum_{k=0}^{h-1} \psi_{ij,k}^2}{\sum_{j=1}^{n} \left[\sigma_j^2 \sum_{k=0}^{h-1} \psi_{ij,k}^2 \right]}$$

第二节 新兴股票市场与发达股票市场的动态融合实证研究

一、动态融合模型简介

(一) CCC-GARCH 模型

在计量经济学中,一般假设残差是白噪声过程,也就是认为多元变量之间是不相关的,但这不符合经济和金融中的数据。为此,Bollerslev(1990)考虑了变量之间的相关关系,假设所研究的法国、德国、瑞士、美国和意大利五国汇率变量之间的相关系数为常数,提出了 CCC(Constant Conditional Correlation)-GARCH 模型,也称为常数条件相关模型。

记 r_t 为 N 维金融资产收益率的列向量,满足:

$$\begin{cases} r_t = E(r_t \mid \Omega_{t-1}) + \zeta_t \\ \text{var}(\zeta_t \mid \Omega_{t-1}) = H_t \end{cases}$$

用条件相关系数

$$\rho_{ij,t} = \frac{h_{ij}}{\sqrt{h_{ii,t} h_{jj,t}}}$$

衡量两个收益率序列 r_{it} 与 r_{jt} 之间的相关性。假设两者的相关关系具有时间不变性,那么协方差矩阵 H_t 可做如下假定:

$$h_{ij} = \rho_{ij,t}\sqrt{h_{ii,t}h_{jj,t}}$$

条件方差过程可以写为：

$$h_{ij} = \omega_i \sigma_{it}^2$$

式中 ω_i 是不随时间变化的正数，从而有：

$$H_t = D_t R D_t$$

其中 $D_t = diag\{\sigma_{1t}, \sigma_{2t}, \cdots, \sigma_{Nt}\}$ 为对角矩阵，$R = \rho_{ij}\sqrt{\omega_i \omega_j}$ 是时不变的相关系数矩阵。在正态条件假设下，容易得到其对数似然函数为：

$$L(\theta) = -\frac{TN}{2}\ln 2\pi - \frac{1}{2}\sum_{t=1}^{T}|D_t R D_t| - \frac{1}{2}\sum_{t=1}^{T}\zeta_t'(D_t R D_t)\zeta_t$$

CCC-GARCH 模型简化了波动率的估计过程。该模型的估计可以分为如下两个步骤：第一步是通过一元 GARCH 模型得到相关系数，第二步是通过极大似然估计法得到相关系数矩阵 R。

(二) DCC-GARCH 模型

金融时间序列数据表明，时间序列之间的相关系数是时变的，于是 Engel(2002)在 CCC-GARCH 模型的基础上提出了 DCC-GARCH 模型，得到多个变量之间的动态相关系数，刻画时间序列之间的动态联动和相关程度。

DCC-GARCH 模型将条件协方差矩阵分解成条件协方差和条件相关系数矩阵两部分，然后求出条件协方差和条件相关系数矩阵的系数，进行参数估计。分别进行参数估计可以减少待估计参数的个数，相比 CCC-GARCH 模型，DCC-GARCH 模型能够更好地描述不同时间序列相关性的传递过程。DCC-GARCH 模型假设资产收益率 R_t 期望值为 0，协方差矩阵 H_t 依赖于时间 t，那么有：

$$H_t = D_t R_t D_t$$

其中 D_t 是随时间变化的标准偏差对角矩阵，R_t 是时变相关矩阵。

利用指数平滑法，条件相关矩阵 R_t 可以表示为：

$$(R_t) = \rho_{ijt} = \frac{\sum_{s=1}^{t-1} \lambda^s \zeta_{i,t-s} \zeta_{j,t-s}}{\sqrt{\sum_{s=1}^{t-1} \lambda^s \zeta_{i,t-s}^2 \sum_{s=1}^{t-1} \lambda^s \zeta_{j,t-s}^2}}$$

式中 λ 为平滑系数。然后构建平滑指数模型：

$$\rho_{ijt} = \frac{q_{ij,s}}{\sqrt{q_{ii,s} q_{jj,s}}}$$

$$q_{ij,t} = (1-\lambda) \zeta_{i,t-1} \zeta_{j,t-1} + \lambda q_{ij,t-1}$$

参考 GARCH(1,1) 模型的表达方式，$q_{ij,t}$ 可以表示为：

$$q_{ij,t} = \bar{\rho}_{ij} + \alpha(\zeta_{j,t-1} \zeta'_{j,t-1} - \bar{\rho}_{ij}) + \beta(q_{ij,s-1} - \bar{\rho}_{ij})$$

其中 $\bar{\rho}_{ij}$ 为 $\zeta_{j,t} \zeta'_{j,t}$ 与 $\zeta_{j,t-1} \zeta'_{j,t-1}$ 之间的条件相关系数，其对应的矩阵表达式为：

$$Q_t = (1-\lambda) \zeta_{t-1} \zeta'_{t-1} + \lambda Q_{t-1}$$

$$Q_t = (1-\alpha-\beta) \bar{Q} + \alpha \zeta_{t-1} \zeta'_{t-1} + \beta Q_{t-1}, \bar{Q} = \frac{1}{T} \sum \varepsilon_t \varepsilon'_{t-1}$$

式中 Q_t 是由第一阶段估计产生的标准化残差的无条件方差，那么动态相关结构为：

$$Q_t = \left(1 - \sum_{m=1}^{M} \alpha_m - \sum_{n=1}^{N} \beta_n\right) \bar{Q} + \sum_{m=1}^{M} \alpha_m \zeta_{t-1} \zeta'_{t-1} + \sum_{n=1}^{N} \beta_n Q_{t-n}$$

其中参数 α 表示信息影响程度的大小,参数 β 表示波动的持久性,为了保持 DCC-GARCH 模型的稳定性,需要满足 $\alpha+\beta<1$。

估计 DCC-GARCH 模型可以按照如下三步进行:

(1) 建立每个变量的 ARMA-GARCH(p,q)模型:

$$\begin{cases} r_t = X\theta + \varepsilon_t, \varepsilon_t \sim N(0, \sigma_t^2) \\ \sigma_t^2 = \alpha_0 + \sum_{i=1}^{p} \alpha_i u_{t-i}^2 + \sum_{j=1}^{q} \beta_j \sigma_{t-j}^2 \end{cases}$$

(2) 获取残差 ε_t,通过 GARCH 模型获得标准化的残差序列,建立 DCC-GARCH 模型。

(3) 利用极大似然法估计下式的值:

$$l(R_t, \varphi) = -\frac{1}{2} \sum (\log |R_t| + \varepsilon_t R_t^{-1} \varepsilon_t')$$

得到时变条件相关系数矩阵 R_t,计算出时间序列之间的动态相关系数。

由于金融时间序列多不服从正态分布,而且金融时间序列中存在非对称性,因此本书用 DCC-EGARCH-t 模型进行估计,估计步骤与 DCC-GARCH 模型的类似,只需在实证过程中选择时间序列服从 t 分布以及用 EGARCH 模型估计即可。

二、韩国股票市场

本书主要考察新兴股票市场被纳入 MSCI 指数对新兴经济体股票市场与发达股票市场融合度的影响。考虑到我国 A 股被纳入 MSCI 指数的时间不长,因此这里先选取与我国 A 股比较接近的韩国股票市场作为典型案例进行分析。

1. 指数的选取

(1) 韩国股票价格指数的选取

本书选择的是韩国 KOSPI 指数(Korea Stock Price Index),即韩国综合价格指数。它是韩国最有影响力的股价指数之一,反映韩国证券交易所全部上市公司股票价格的变化,以 1980 年 1 月 4 日作为指数的基准起始日,起始基点为 100。除了韩国 KOSPI 指数外,韩国证券交易所还有很多其他股票指数,如表 3-3 所示。

表 3-3 韩国证券交易所主要股票价格指数

指 数 名 称	指 数 简 介
KOSPI	韩国证券交易所全部上市公司的股票价格指数
KOSPI50	韩国证券交易所排名前 50 的股票价格指数
KOSPI200	韩国证券交易所 200 家大企业的股票价格指数,是 KOSPI200 期货和期权合约的基础资产,合约交易量排在世界的前列
KOSDAQ	韩国证券交易所高科技领域的公司股票价格指数
KOSPI-Large Cap	韩国证券交易所的蓝筹股票价格指数
KOSPI-Mid Cap	韩国证券交易所的中型公司的股票价格指数
KOSPI-Small Cap	韩国证券交易所的小型公司的股票价格指数
KRX 300	2018 年由韩国证券交易所编制的新指数,韩国证券交易所 300 家大中型上市公司的股票价格指数

(2) 发达股票市场价格指数的选取

世界上发达股票市场有很多,股票指数也非常多:美国有标准普尔 500 指数、纳斯达克指数、道琼斯工业指数以及罗素 2000

指数等；欧洲有伦敦金融时报100指数、德国DAX指数、法国CAC40指数、意大利米兰MIB30指数以及西班牙IBEX35指数；亚洲有日经225指数和香港恒生指数等。本书选取标准普尔500指数代表发达股票市场价格指数。

标准普尔500指数（S&P 500 Index）是由标准普尔公司于1957年开始创建并维护的，是反映美国500家上市公司股票价格变动的指数。标准普尔500指数覆盖的所有公司都是在美国主要交易所如纽约证券交易所和纳斯达克交易所的上市公司。标准普尔500指数以1943年为基期，基期指数定为10，以股票上市量为权数，按基期进行加权计算指数。

标准普尔500指数最初的成分股由425种工业股票、60种公用事业股票和15种铁路股票组成。从1976年7月1日开始，其成分股改由400种工业股票、20种运输业股票、40种公用事业股票和40种金融业股票组成。标准普尔500指数被认为是衡量美国股市整体趋势的重要标志之一，涵盖了各种不同行业，如能源、金融、医疗保健和信息技术等，是全球投资者用来评估美国经济发展状况的主要参考指标之一，因此受到广泛关注和重视。与道琼斯工业平均股票指数等相比，标准普尔500指数具有采样面广、代表性强、精确度高、连续性好等特点，被普遍认为是一种理想的股票指数期货合约的标的。这也是本书选择标准普尔500指数作为发达股票市场价格指数代表的原因。

2. 数据选取以及描述性统计

为了检验新兴市场被纳入MSCI指数是否对新兴股票市场与发达股票市场融合度有影响，这里选取美国标准普尔500指数来代表发达股票市场的价格指数。韩国综合指数是在1998年9月1日100%被纳入MSCI指数的。考虑到追踪MSCI指数的多为被动型基金,资金配置调整需要一定的时间,这里选取韩国综合价格指数100%被纳入MSCI指数的后两年的数据。因此数据选取时间段为1992年1月7日(韩国综合价格指数首次20%被纳入MSCI指数)到100%被纳入MSCI指数后两年的2000年9月1日,剔除时间不匹配的,总共得到2 054对日度数据。韩国KOSPI指数和标准普尔500指数的收益率如图3-6、图3-7所示。

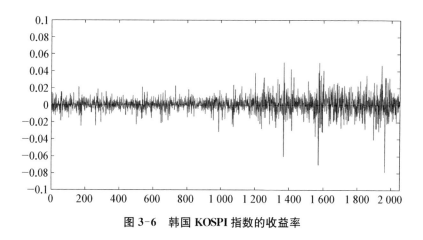

图3-6 韩国KOSPI指数的收益率

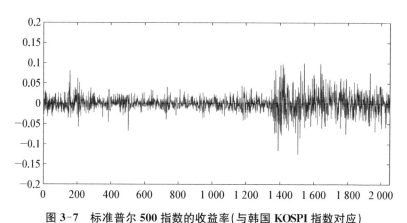

图3-7 标准普尔500指数的收益率(与韩国KOSPI指数对应)

两者收益率的描述性统计结果如表 3-4 所示。

表 3-4　韩国 KOSPI 指数与标准普尔 500 指数的收益率描述性统计结果

统计量	韩国 KOSPI 指数的收益率	标准普尔 500 指数的收益率
平均数	0.000 732 2	0.000 628
中位数	0.000 3	0.000 5
标准差	0.020 19	0.009 24
峰度	7.207 89	5.531 5
偏度	−0.133 1	−0.390 6
最小值	−0.125 3	−0.078 38
最大值	0.100 23	0.049 88
J-B 统计量	3 703.29***	1 521.43***
ARCH(1)效应	77.23***	86.94***

从描述性统计可以看出：

（1）从指数的收益率角度看，韩国 KOSPI 指数的收益率均值为 0.000 732 2，而标准普尔 500 指数的收益率均值为 0.000 628。韩国股票市场的收益率比标准普尔 500 指数的收益率大，这是因为作为新兴经济体的韩国，受益于经济的高速增长，其股票市场的收益率比相对成熟的发达资本市场要高。

（2）从股票的波动率角度看，韩国 KOSPI 指数的标准差为 0.020 19，而标准普尔 500 指数的标准差为 0.009 24。韩国股票市场的波动率大于标准普尔 500 指数的波动率，这是由于新兴市场的股票制度不够完善，市场投资者以散户为主，上市公司信息披露制度不够健全等,因此其波动性较大;而发达股票市场的建设时间长,制度相对完善,因此波动性相对较小。综合来讲,这也反映了股票的"高收益,高风险"现象。虽然新兴股票市场上有机会,可以获得比较高的收益率,但需要承担一定的风险。投资者如何进行风险控制,是一个非常重要的问题。

(3) 从峰度和偏度的数据来看,两指数的峰度数均大于3,偏度也不为0,呈现出尖峰厚尾的形态。

(4) 从J-B统计量来看,都拒绝指数是正态分布的假设,不是正态分布,但是总体来讲,标准普尔500指数因为编制的年限比较长,相对成熟一些,比新兴股票市场的指数更加接近正态分布,在建立模型中会考虑用 t 分布。

(5) 从滞后一期的ARCH效应检验来看,这些指数都存在较强的ARCH效应,是金融数据中常有的现象,其波动性会受到前期的影响,产生的条件异方差现象适合用GARCH族模型来建模和预测。

3. 单位根检验

时间序列建模过程中一般要进行平稳性检验,也就是单位根检验,对上述指数检验的结果如表3-5所示。

表3-5 ADF平稳性检验结果

	ADF平稳性检验		
韩国KOSPI指数	t 值	-1.76293	$p=0.3519$
	1%level	-3.433337	非平稳
	5%level	-2.862746	非平稳
	10%level	-2.5674585	非平稳

续 表

ADF 平稳性检验			
标准普尔 500 指数	t 值	−2.354 2	$p=0.100\ 9$
	1%level	−3.434 789	非平稳
	5%level	−2.863 388	非平稳
	10%level	−2.567 802	非平稳
韩国 KOSPI 指数的收益率	t 值	−41.845 6***	$p=0.000\ 1$
	1%level	−3.434 762	平稳
	5%level	−2.863 376	平稳
	10%level	−2.567 796	平稳
标准普尔 500 指数的收益率	t 值	−45.288 6***	$p=0.000\ 1$
	1%level	−3.434 789	平稳
	5%level	−2.863 388	平稳
	10%level	−2.567 802	平稳

从上述的单位根检验可以看出，股票价格指数是不平稳的，而其收益率在1%的显著水平下是平稳的，都是 I(1) 过程，可以用来建立 VAR 模型。

4. VAR 模型

由单位根检验结果可知，韩国 KOSPI 指数和标准普尔 500 指数的收益率都是平稳的。下面分 100% 纳入 MSCI 指数之前和之后两个时间段建立 VAR 模型，先根据信息准则选取最优的滞后阶数，得到结果如表 3-6、表 3-7 所示。

表 3-6　VAR 模型的最优滞后阶数选择(100%纳入 MSCI 指数前)

Lag	LogL	LR	FPE	AIC	SC	HQ
0	9 335.457	NA	2.33e-08	−11.897 33	−11.890 50*	−11.894 79
1	9 349.357	27.746 29	2.30e-08	−11.909 95	−11.889 46	−11.902 34*
2	9 352.077	5.422 310	2.31e-08	−11.908 32	−11.874 17	−11.895 63
3	9 360.085	15.945 22*	2.30e-08*	−11.913 43*	−11.865 62	−11.895 66

表 3-7　VAR 模型的最优滞后阶数选择(100%纳入 MSCI 指数后)

Lag	LogL	LR	FPE	AIC	SC	HQ
0	2 420.902	NA	1.41e-07	−10.099 80	−10.082 38	−10.092 95
1	2 455.526	68.812 95*	1.24e-07*	−10.227 66*	−10.175 41*	−10.207 12*
2	2 456.978	2.874 382	1.25e-07	−10.217 03	−10.129 94	−10.182 79
3	2 458.595	3.187 342	1.27e-07	−10.207 08	−10.085 15	−10.159 15

可见 100%纳入 MSCI 指数前的最优阶数为 3 阶,而 100%纳入 MSCI 指数后的最优滞后阶数为 1 阶,得到 VAR 模型的结果如表 3-8、表 3-9 所示。

表 3-8　100%纳入 MSCI 指数前的 VAR 模型结果

	SP	KO
SP(−1)	−0.010 967	0.746 654
	(0.045 99)	(0.089 72)
	[−0.238 45]	[8.321 66]
SP(−2)	−0.043 089	0.070 129
	(0.049 10)	(0.095 78)
	[−0.877 60]	[0.732 18]

续 表

	SP	KO
SP(−3)	−0.036 480	0.040 623
	(0.048 70)	(0.095 00)
	[−0.749 13]	[0.427 62]
KO(−1)	−0.015 528	0.047 089
	(0.023 65)	(0.046 14)
	[−0.656 48]	[1.020 48]
KO(−2)	−0.021 638	−0.028 072
	(0.023 68)	(0.046 19)
	[−0.913 90]	[−0.607 77]
KO(−3)	0.027 555	0.043 068
	(0.022 14)	(0.043 19)
	[1.244 49]	[0.997 08]
C	0.001 007	0.000 776
	(0.000 62)	(0.001 21)
	[1.625 00]	[0.642 55]

表 3-9　100%纳入 MSCI 指数后的 VAR 模型结果

	KO	SP
KO(−1)	0.057 038	−0.026 4
	(0.042 78)	(0.022)
	[1.333 14]	[−1.200 19]
SP(−1)	0.734 668	−0.009 597
	(0.088 24)	(0.045 37)
	[8.325 79]	[−0.211 55]

续 表

	KO	SP
C	0.000 873	0.000 934
	(0.001 19)	(0.000 61)
	[0.731 57]	[1.523 23]

VAR 模型建好以后,下面通过格兰杰因果关系检验方法来考察变量之间是否存在领先滞后的关系,用脉冲响应函数来描述变量之间的影响动态过程,用方差分解来描述变量之间的影响程度。

(1) 格兰杰因果关系检验

格兰杰因果关系检验用于考察时间序列之间是否存在相互传导关系。如果某时间序列 $\{x_t\}$ 的滞后期对另一时间序列 $\{y_t\}$ 有影响,那么称时间序列 $\{x_t\}$ 对 $\{y_t\}$ 有引导作用。这里分为两个时间段,即韩国 KOSPI 指数 100% 纳入 MSCI 指数之前与之后,来考察它与标准普尔 500 指数之间的相互引导关系,得到的结果如表 3-10 所示。

表 3-10 韩国 KOSPI 指数与标准普尔 500 指数之间的格兰杰因果检验结果

时 间	原 假 设	F 统计量	p 值	结 论
100% 纳入前	韩国 KOSPI 指数不是标准普尔 500 指数的格兰杰原因	0.511	0.474	不能拒绝
	标准普尔 500 指数不是韩国 KOSPI 指数的格兰杰原因	15.617	0.000	拒绝
100% 纳入后	韩国 KOSPI 指数不是标准普尔 500 指数的格兰杰原因	22.128	0.000	拒绝
	标准普尔 500 指数不是韩国 KOSPI 指数的格兰杰原因	14.491	0.003	拒绝

第三章 新兴股票市场与发达股票市场的联动性研究

从表3-10可以看出,在韩国KOSPI指数100%纳入MSCI指数之前,韩国金融市场的对外开放程度不高,对美国等发达股票市场没有显著影响,但是美国股市是全球性的市场,是全球经济的风向标,对韩国股票市场有较大的影响,因此指数存在单方向的格兰杰因果关系;在韩国KOSPI指数100%纳入MSCI指数后,随着韩国金融市场开放度的提高,境外资金的流入,韩国股票市场与发达股票市场呈现双向的格兰杰因果关系,说明两者的融合度明显增加。这也可以从VAR模型结果(见表3-8)直接看出。在标准普尔500指数的方程中,韩国KOSPI指数的滞后项系数都不显著,从而对其没有影响,与格兰杰因果检验结果是一致的。一般为了避免格兰杰因果检验结果受滞后阶数的影响,可以利用VAR模型中的最优滞后阶数,得到一致的结果。

(2) 脉冲响应函数

基于上述VAR模型,还可以得到对应的脉冲响应函数结果(见图3-8、图3-9)。

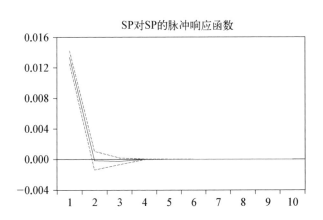

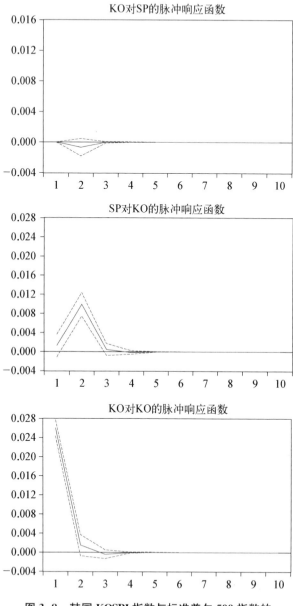

图3-8 韩国KOSPI指数与标准普尔500指数的脉冲响应函数(100%纳入前)

从图 3-8 可以看出,韩国 KOSPI 指数对标准普尔 500 指数的脉冲响应函数除了第 2 期是负的,其余各期基本为 0,说明韩国 KOSPI 指数对标准普尔 500 指数的冲击很小;标准普尔 500 指数对韩国 KOSPI 指数的脉冲响应函数值相对较大,第 1 期和第 2 期为正,第 3 期以后也基本为 0。

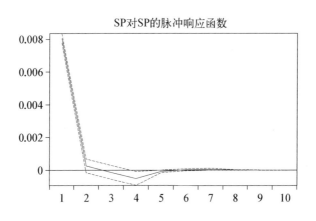

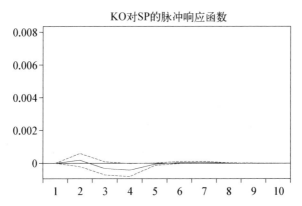

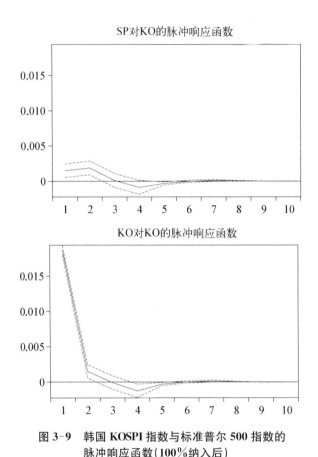

图 3-9 韩国 KOSPI 指数与标准普尔 500 指数的
脉冲响应函数(100%纳入后)

从图 3-9 可以看出,韩国 KOSPI 指数对标准普尔 500 指数的脉冲响应函数除了第 2 期是正的,其余各期都为负,且从第 6 期开始逐渐衰弱到 0;标准普尔 500 指数对韩国 KOSPI 指数的脉冲响应函数值相对较大,第 1 期和第 2 期为正,第 3 期至第 5 期变为负数,从第 6 期开始逐渐衰弱为 0,直到没有影响。两者均比韩国 KOSPI 指数 100%纳入前的影响有所增加。

(3) 方差分解

下面是方差分解结果(见表 3-11、表 3-12)。

表 3-11　韩国 KOSPI 指数与标准普尔 500 指数方差分解结果(100%纳入前)

SP 的方差分解结果			
期数	标准差	SP	KO
1	0.008 064	100	0
2	0.008 07	99.944 51	0.055 492
3	0.008 077	99.788 43	0.211 565
4	0.008 104	99.518 46	0.481 54
5	0.008 105	99.513 12	0.486 879
6	0.008 105	99.510 27	0.489 73
7	0.008 105	99.505 54	0.494 464
8	0.008 105	99.505 35	0.494 654
9	0.008 105	99.505 31	0.494 695
10	0.008 105	99.505 23	0.494 766
KO 的方差分解结果			
期数	标准差	SP	KO
1	0.018 77	0.632 272	99.367 73
2	0.018 923	1.606 301	98.393 7
3	0.018 923	1.609 196	98.390 8
4	0.018 985	1.810 763	98.189 24
5	0.018 99	1.838 05	98.161 95

续 表

KO 的方差分解结果			
期数	标准差	SP	KO
6	0.018 99	1.838 159	98.161 84
7	0.018 99	1.841 262	98.158 74
8	0.018 991	1.841 845	98.158 16
9	0.018 991	1.841 849	98.158 15
10	0.018 991	1.841 89	98.158 11

表 3-12 韩国 KOSPI 指数与标准普尔 500 指数方差分解结果(100%纳入后)

SP 的方差分解结果			
期数	标准差	SP	KO
1	0.013 405	100	0
2	0.013 413	99.899 66	0.100 34
3	0.013 456	99.637 66	0.362 34
4	0.013 459	99.637 75	0.362 25
5	0.013 459	99.635 67	0.364 33
6	0.013 459	99.635 55	0.364 45
7	0.013 459	99.635 54	0.364 46
8	0.013 459	99.635 54	0.364 46
9	0.013 459	99.635 54	0.364 46
10	0.013 459	99.635 54	0.364 46

续　表

\multicolumn{4}{c}{KO 的方差分解结果}
期数	标准差	SP	KO
1	0.026 117	0.248 99	99.751 01
2	0.027 986	12.933 03	87.066 97
3	0.028 082	13.075 59	86.924 41
4	0.028 036	13.133 21	86.866 79
5	0.028 038	13.143 16	86.856 84
6	0.028 038	13.143 29	86.856 71
7	0.028 038	13.143 29	86.856 71
8	0.028 038	13.143 29	86.856 71
9	0.028 038	13.143 29	86.856 71
10	0.028 038	13.143 29	86.856 71

可以看出，在韩国 KOSPI 指数100％纳入之前，它的波动有98.16％是源于自己的因素，只有1.84％是源于标准普尔500指数，但是在韩国 KOSPI 指数100％纳入以后，源自标准普尔500指数的比例达到了13.14％，有非常明显的提高，说明发达股票市场对新兴股票市场的影响明显增强。

5. DCC-EGARCH-t 模型结果

根据描述统计量可知，两个时间序列都不服从正态分布，再考虑到股票市场存在非对称性，本书选取 DCC-EGARCH-t 模型进行估计，然后利用断点检验分析韩国 KOSPI 指数和标准普尔500指数动态相关系数的影响因素。首先通过 EViews11 得到模型估计的结果(见表3-13)。

表 3-13 韩国 KOSPI 指数和标准普尔 500 指数的 DCC-EGARCH-t 模型结果

指　数	变　量	估计值	标准差	统计量	p 值
韩国 KOSPI 指数	α_0	−0.208 41	0.039 845	−5.230 48	0.000 0
	θ	0.173 462	0.022 565	7.687 298	0.000 0
	α_1	−0.035 85	0.011 332	−3.163 44	0.001 6
	β_1	0.990 647	0.003 838	258.114 2	0.000 0
	t 分布自由度	8.214 362	1.533 23	5.357 553	0.000 0
标准普尔 500 指数	α_0	−0.198 03	0.042 783	−4.628 76	0.000 0
	θ	0.123 357	0.020 721	5.953 352	0.000 0
	α_1	−0.079 01	0.014 689	−5.378 69	0.000 0
	β_1	0.988 887	0.003 66	270.157 4	0.000 0
	t 分布自由度	5.327 475	0.636 32	8.372 326	0.000 0
DCC-EGARCH 模型参数	θ_1	0.004 588	0.002 15	2.133 565	0.032 87
	θ_2	0.995 195	0.002 689	370.054 8	0.000 0
	t 分布自由度	6.795 203	0.568 945	11.943 51	0.000 0

从表 3-13 可以看出,EGARCH 模型中的所有参数都高度显著,t 分布自由度的检验结果也非常显著,说明了模型选择的合理性;另外,模型中 DCC-EGARCH-t 的参数显著,且满足 $\theta_1 + \theta_2 = 0.995 < 1$,说明模型是稳定的。为了进一步分析韩国 KOSPI 指数与标准普尔 500 指数之间的融合度,得到动态相关系数图(见图 3-10)。

第三章 新兴股票市场与发达股票市场的联动性研究

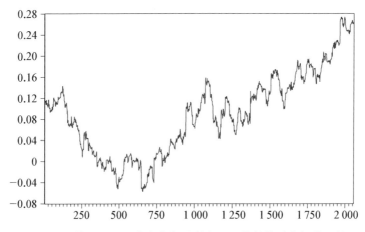

图 3-10 韩国 KOSPI 指数与标准普尔 500 指数的动态相关系数

下面分韩国 KOSPI 指数 100% 纳入 MSCI 指数前后两个时间段,对动态相关系数作描述性统计,结果如表 3-14 所示。

表 3-14 韩国 KOSPI 指数与标准普尔 500 指数动态相关系数的描述性统计

时间段	平均值	最大值	最小值	J-B 统计量	p 值
100%纳入前	0.06	0.174	−0.05	44.591	0.000
100%纳入后	0.18	0.273	0.09	26.117	0.000

从动态相关系数的描述性统计来看,韩国 KOSPI 指数与标准普尔 500 指数的相关系数总体上为正,说明一个指数的上涨(下跌)会带动另外一个指数的上涨(下跌),被纳入 MSCI 指数后的相关系数平均数(0.18)是被纳入 MSCI 指数前的相关系数平均数(0.06)的三倍,说明融合度明显增加;被纳入 MSCI 指数前两者之间的相关系数的最小值为负,被纳入 MSCI 指数以后相关系数的值都是正数,这说明随着韩国金融市场越来越开放以及境外资金的流

入,其股票市场与世界发达股票市场之间的融合度大大增加。

6. 结构断点识别

韩国股票被纳入 MSCI 指数的过程时间比较长,在此过程中会受到很多冲击以及政策的影响。例如,逐步提高的纳入比例以及金融市场的开放政策等,导致股票市场间的相关程度存在多个结构断点,这里使用 BP 结构断点法来识别。

Bai 和 Perron(1998,2003)研究了多个结构断点的问题。相对于邹检验法中要预设结构断点的位置,BP 结构断点检验法中不需要做此假设,而是基于动态规划的原理,通过计算全局最小化残差平方和的方法,根据信息准则或者假设检验,求出动态相关系数的结构断点数量,同时给出这些断点的位置,所以 BP 断点检验法相对更加客观。

假设时间序列 y_t 存在 k 个断点,多重结构断点模型为:

$$y_t = \delta_k + \varepsilon_t, \delta_k \text{ 未知}, t = T_k \text{ 为结构断点的时间},$$
$$\varepsilon_t \text{ 为白噪声过程}$$

那么,可通过最小化残差平方和得到断点以及对应的断点位置:

$$(\hat{T}_1, \cdots, \hat{T}_m, \hat{\delta}_k) = \operatorname{argmin} \sum_t \sum_k (y_t - \delta_k)^2$$

BP 断点检验的方法有两个步骤:第一步是根据 Fisher 算法反复迭代,得到该时间序列不同断点数下的最小总残差平方和;第二步是通过 sup Wald 检验法确定断点的个数,同时确定断点在时间序列中所在的位置。

BP 断点检验的原假设是时间序列 $\{y_t\}$ 不存在断点,备择假设是时间序列 $\{y_t\}$ 存在 k 个断点,检验统计量为:

$$F_T(\lambda_1, \cdots, \lambda_k) = \frac{1}{T}\left(\frac{T-k-1}{k}\right)\begin{bmatrix}\delta_1^T - \delta_2^T \\ \cdots \\ \delta_k^T - \delta_{k+1}^T\end{bmatrix}^T V_\delta^{-1}\begin{bmatrix}\delta_1^T - \delta_2^T \\ \cdots \\ \delta_k^T - \delta_{k+1}^T\end{bmatrix}$$

其中 V_δ 为方差协方差矩阵。

虽然动态相关系数图能够全面描述两者的动态相关性过程，但是很难看出相关性的影响因素，这里采用 Bai 和 Perron（1998，2003）确定多重结构断点的方法，得到结果如表 3-15 所示。

表 3-15 动态相关系数的 BP 断点检验结果

断点发生时间	1993年12月6日	1996年8月13日	1998年8月7日
对应的相关系数	−0.041 7	0.038 6	0.085 7
对应的事件	韩国开放资本兑换项目后不久	韩国股市50%纳入 MSCI 指数前后	韩国股市100%纳入 MSCI 指数不久

可以看出断点位置的影响因素有：① 韩国股票市场纳入 MSCI 指数的比例；② 相关金融开放政策；③ 境外资金的进入。

根据结构断点位置划分时间段，对动态相关系数作描述统计，结果如表 3-16 所示。

表 3-16 动态相关系数描述性统计结果

各阶段动态相关系数描述性统计				
统计量	1992年1月7日—1993年12月6日	1993年12月7日—1996年8月13日	1996年8月14日—1998年8月7日	1998年8月18日—2000年9月1日
平均值	0.045 09	0.056 236	0.179 686	0.203 766
年度平均境外资金汇入额	6亿美元	17亿美元	40亿美元	98亿美元

从表 3-16 可以看出,随着韩国股票纳入 MSCI 指数的进程的深入,KOSPI 指数与标准普尔 500 指数的动态相关系数逐步增大,境外汇入韩国的年度平均资金额也在逐年上升。为了了解境外机构向韩国汇入的资金额与动态相关系数之间的关系,作如下一元回归模型:

$$corr = \alpha + \beta \times hre$$

其中 $corr$ 表示韩国 KOSPI 指数与标准普尔 500 指数动态相关系数的年度平均数,hre 表示境外机构投资韩国的年度净汇入额,回归结果如表 3-17 所示。

表 3-17 年度相关系数与境外资金汇入量的回归结果

变量	系数	标准差	t 统计量	p 值
hre	0.001 248	0.000 587	2.126 347	0.071 1
α	0.091 634	0.012 008	7.630 866	0.000 1

从回归方程来看,境外资金的汇入量系数显著且为正,表示境外资金的汇入量确实能够提高年度动态相关系数,每增加 1 亿美元的境外资金汇入量,年度动态相关系数平均增加 0.001 248,因此,境外资金汇入量是影响两地股市联动性的一个重要因素,也实证了资本流动能够增强股票市场之间联动性的资本流动学说。

三、中国 A 股市场

下面来看我国 A 股纳入 MSCI 指数的情形。选取 2016 年 1 月 1 日(宣布首次纳入 MSCI 指数的前两年)到 2020 年 12 月 31 日(宣布首次纳入 MSCI 指数的后两年)的沪深 300 指数收盘数据以及对应的标准普尔 500 指数收盘数据,剔除两地由于节假日原因不匹配的数据,得到1 416对匹配数据,收益率图分别如图3-11、图3-12所示。

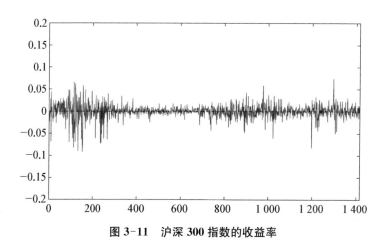

图3-11 沪深300指数的收益率

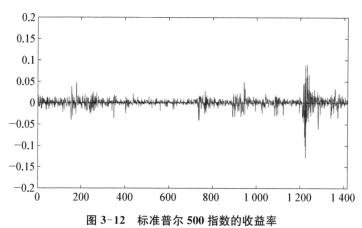

图3-12 标准普尔500指数的收益率

1. 数据描述性统计结果

先对沪深300指数与标准普尔500指数的收益率做描述性统计,结果见表3-18。

表 3-18 沪深 300 指数与标准普尔 500 指数的
收益率描述性统计结果

统计量	沪深 300 指数的收益率	标准普尔 500 指数的收益率
平均数	0.000 438	0.000 409
中位数	0.000 635	0.000 21
标准差	0.015 5	0.012 1
峰度	9.242 3	23.190 9
偏度	−0.904 2	−1.009 2
最小值	−0.091 5	−0.127 6
最大值	0.074 21	0.089 68
J-B 统计量	2 492.44***	24 371.97***
ARCH(1)效应	76.18***	75.72***

从收益率来看,沪深 300 指数的平均收益率是 0.000 438,而标准普尔 500 指数的平均收益率为 0.000 409,沪深 300 指数比标准普尔 500 指数的收益率高;沪深 300 指数的标准差为 0.015 5,而标准普尔 500 指数的标准差为 0.012 1,沪深 300 指数比标准普尔 500 指数的标准差高;从 J-B 统计量的值可以看出,两者都不是正态分布,可以采用 t 分布建模,然后根据 ARCH(1) 效应的值,两者都存在明显的 ARCH 效应,可以用 GARCH 族模型进行建模。

2. 单位根检验

为了进行建模,对两者数据进行单位根检验,检验结果如表 3-19 所示。

表 3-19 单位根检验结果

ADF 平稳性检验			
沪深 300 指数	t 值	−1.310 677	$p=0.626\ 6$
	1％level	−3.434 759	非平稳
	5％level	−2.863 375	非平稳
	10％level	−2.567 795	非平稳
标准普尔 500 指数	t 值	−0.308 798	$p=0.921\ 2$
	1％level	−3.434 789	非平稳
	5％level	−2.863 388	非平稳
	10％level	−2.567 802	非平稳
沪深 300 指数的收益率	t 值	−36.351 4	$p=0$
	1％level	−3.434 762	平稳
	5％level	−2.863 376	平稳
	10％level	−2.567 796	平稳
标准普尔 500 指数的收益率	t 值	−11.848 48	$p=0$
	1％level	−3.434 789	平稳
	5％level	−2.863 388	平稳
	10％level	−2.567 802	平稳

可以看出,沪深 300 指数和标准普尔 500 指数都是非平稳的,但是其对数收益率都是平稳的,都是 I(1) 过程,适合做 VAR 模型。

3. VAR 模型

首先根据信息准则选择滞后阶数(见表 3-20、表 3-21)。

表 3-20　宣布纳入 MSCI 指数前的滞后阶数选择

Lag	LogL	LR	FPE	AIC	SC	HQ
0	4 873.950	NA	1.87e-08	-12.119 28	-12.107 61	-12.114 80
1	4 888.153	28.301 05	1.82e-08	-12.144 66	-12.109 66*	-12.131 22
2	4 900.587	24.712 34*	1.78e-08*	-12.165 64*	-12.107 31	-12.143 24*

表 3-21　宣布纳入 MSCI 指数后的滞后阶数选择

Lag	LogL	LR	FPE	AIC	SC	HQ
0	3 412.664	NA	4.60e-08	-11.219 29	-11.204 78	-11.213 65
1	3 449.021	72.355 07	4.13e-08	-11.325 73	-11.282 21*	-11.308 80
2	3 457.582	16.980 32*	4.07e-08*	-11.340 73*	-11.268 19	-11.312 51*

可以看出选择的滞后阶数都为 2,得到模型结果分别如表 3-22、表 3-23 所示。

表 3-22　宣布纳入 MSCI 指数前的 VAR 模型结果

	SP	HS
SP(-1)	-0.023 952	0.349 154
	(0.035 92)	(0.068 8)
	[-0.666 89]	[5.074 81]
SP(-2)	-0.092 008	0.230 647
	(0.036 47)	(0.069 86)
	[-2.522 82]	[3.301 48]

续 表

	SP	HS
HS(-1)	0.011 605 (0.018 68) [0.621 12]	0.005 584 (0.035 79) [0.156 02]
HS(-2)	0.005 801 (0.018 4) [0.315 28]	-0.085 026 (0.035 25) [-2.412 27]
C	0.000 401 (0.000 3) [1.347 80]	-0.000 158 (0.000 57) [-0.277 67]

表 3-23 宣布纳入 MSCI 指数后的 VAR 模型结果

	SP	HS
SP(-1)	-0.213 193 (0.042 46) [-5.021 05]	0.143 708 (0.039 81) [3.610 26]
SP(-2)	0.174 385 (0.042 75) [4.079 34]	0.067 479 (0.040 08) [1.683 80]
HS(-1)	-0.016 029 (0.045 86) [-0.349 49]	-0.059 064 (0.043) [-1.373 68]

161

续 表

	SP	HS
HS(−2)	−0.027 898	0.001 016
	(0.044 84)	(0.042 04)
	[−0.622 11]	[0.024 16]
C	0.000 553	0.000 436
	(0.000 61)	(0.000 57)
	[0.906 51]	[0.763 10]

基于 VAR 模型,得到格兰杰因果关系检验结果如表 3-24 所示。

表 3-24　沪深 300 指数与标准普尔 500 指数的收益率的格兰杰因果关系检验结果

时 间	原 假 设	F 统计量	p 值	结 论
宣布纳入前	沪深 300 指数不是标准普尔 500 指数的格兰杰原因	0.247 45	0.780 8	不能拒绝
	标准普尔 500 指数不是沪深 300 指数的格兰杰原因	17.495 5	4.E-08	拒绝
宣布纳入后	沪深 300 指数不是标准普尔 500 指数的格兰杰原因	3.458	0.376	不能拒绝
	标准普尔 500 指数不是沪深 300 指数的格兰杰原因	6.697 67	0.001 3	拒绝

可以看出,在宣布中国 A 股纳入 MSCI 指数之前,沪深 300 指数与标准普尔 500 指数之间只存在单方向的格兰杰

果关系,也就是标准普尔500指数单方向影响沪深300指数,沪深300指数的滞后项不影响标准普尔500指数;宣布A股纳入MSCI指数以后,标准普尔500指数还是单方面影响沪深300指数,沪深300指数对标准普尔500指数的影响力虽然增强,但还是不显著,这可能与A股纳入MSCI指数比例过小有关,宣布时A股纳入MSCI指数的比例只有2.5%,境外资金配置比较少。

下面是脉冲响应函数结果(见图3-13、图3-14)。

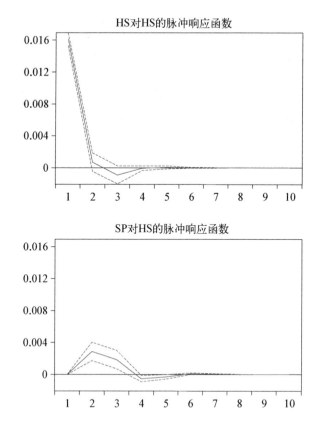

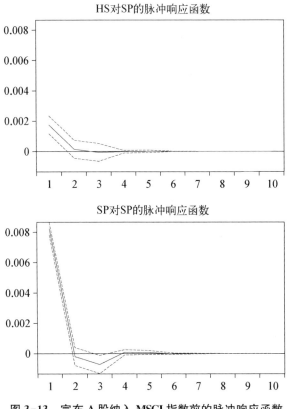

图 3-13 宣布 A 股纳入 MSCI 指数前的脉冲响应函数

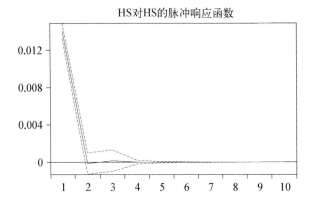

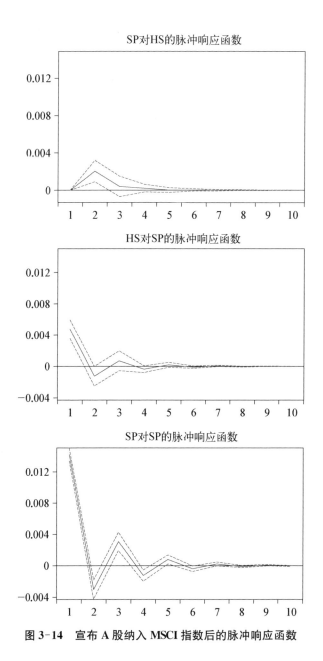

图 3-14 宣布 A 股纳入 MSCI 指数后的脉冲响应函数

从图 3-13、图 3-14 可以看出,宣布纳入 MSCI 指数前后的脉冲响应函数的形式差不多,沪深 300 指数对标准普尔 500 指数的脉冲响应函数前几期都是正的,到第 4 期或者第 5 期左右逐渐衰减到 0;标准普尔 500 指数对沪深 300 指数的脉冲响应函数在宣布前只有前两期是正的,后面就衰减成 0,宣布之后的脉冲响应函数中第 2 期为正,其余为负,第 4 期以后衰减为 0。

下面是方差分解结果(见表 3-25、表 3-26)。

表 3-25 宣布 A 股纳入前的方差分解结果

	HS 的方差分解结果		
期 数	标准差	HS	SP
1	0.016 125	100	0
2	0.016 394	96.924 87	3.075 134
3	0.016 523	95.724 03	4.275 972
4	0.016 532	95.625 37	4.374 625
5	0.016 534	95.593 9	4.406 105
6	0.016 535	95.591 4	4.408 601
7	0.016 535	95.590 93	4.409 071
8	0.016 535	95.590 87	4.409 129
9	0.016 535	95.590 87	4.409 134
10	0.016 535	95.590 86	4.409 135

续 表

SP 的方差分解结果			
期 数	标准差	HS	SP
1	0.008 418	4.321 409	95.678 59
2	0.008 421	4.347 487	95.652 51
3	0.008 452	4.321 265	95.678 74
4	0.008 453	4.321 39	95.678 61
5	0.008 453	4.321 103	95.678 9
6	0.008 453	4.321 095	95.678 91
7	0.008 453	4.321 092	95.678 91
8	0.008 453	4.321 092	95.678 91
9	0.008 453	4.321 092	95.678 91
10	0.008 453	4.321 092	95.678 91

表 3-26　宣布 A 股纳入后的方差分解结果

HS 的方差分解结果			
期 数	标准差	HS	SP
1	0.016 125	100	0
2	0.016 394	97.931 9	2.068 101
3	0.016 523	97.853 41	2.146 588
4	0.016 532	97.830 36	2.169 637
5	0.016 534	97.830 23	2.169 767
6	0.016 535	97.829 84	2.170 161

续 表

HS 的方差分解结果			
期　数	标准差	HS	SP
7	0.016 535	97.829 83	2.170 172
8	0.016 535	97.829 81	2.170 187
9	0.016 535	97.829 81	2.170 189
10	0.016 535	97.829 81	2.170 19
SP 的方差分解结果			
期　数	标准差	HS	SP
1	0.008 418	10.120 42	89.879 58
2	0.008 421	10.314 66	89.685 34
3	0.008 452	10.095 52	89.904 48
4	0.008 453	10.080 3	89.919 7
5	0.008 453	10.068 86	89.931 14
6	0.008 453	10.066 64	89.933 36
7	0.008 453	10.065 84	89.934 16
8	0.008 453	10.065 63	89.934 37
9	0.008 453	10.065 56	89.934 44
10	0.008 453	10.065 55	89.934 45

可以看出，相对于宣布 A 股纳入 MSCI 指数之前，纳入 MSCI 指数后标准普尔 500 指数对沪深 300 指数的方差变化由 4.409% 减少为 2.17%（预测第 10 期），而沪深 300 指数对标准普尔 500 指

数的变化由 4.32% 增加到 10.065%（预测第 10 期），影响能力有所增强。

4. DCC-EGARCH-t 模型实证结果

下面通过 DCC-EGARCH-t 模型研究沪深 300 指数与标准普尔 500 指数之间的动态相关系数及其影响因素。利用 EViews11 得到 DCC-EGARCH-t 模型估计的结果如表 3-27 所示。

表 3-27　沪深 300 指数和标准普尔 500 指数的 DCC-EGARCH-t 模型结果

指　数	变　量	估计值	标准差	统计量	p 值
沪深 300 指数	α_0	−0.209 38	0.047 715	−4.388 1	0.000 0
	θ	0.165 151	0.027 232	6.064 509	0.000 0
	α_1	−0.019 73	0.008 58	−2.299 53	0.010 82
	β_1	0.989 602	0.004 474	221.174 8	0.000 0
	t 分布自由度	4.288 07	0.508 65	8.430 303	0.000 0
标准普尔 500 指数	α_0	−0.452 86	0.075 977	−5.960 43	0.000 0
	θ	0.215 669	0.033 04	6.527 447	0.000 0
	α_1	−0.174 74	0.022 515	−7.761 16	0.000 0
	β_1	0.969 948	0.006 764	143.399 6	0.000 0
	t 分布自由度	4.567 751	0.514 822	8.872 485	0.000 0
DCC-EGARCH 模型参数	θ_1	0.054 953	0.027 06	2.030 783	0.042 541
	θ_2	0.493 396	0.207 232	2.380 887	0.017 457
	t 分布自由度	4.955 896	0.320 965	15.440 6	0.000 0

从表 3-27 可以看出,EGARCH 模型中的所有参数都显著,t 分布自由度的检验结果也非常显著,说明存在非对称性,$\theta_1+\theta_2=0.99<1$,模型适当且稳定。得到沪深 300 指数与标准普尔 500 指数之间的动态相关系数如图 3-15 所示。

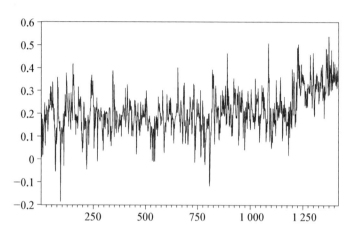

图 3-15　沪深 300 指数与标准普尔 500 指数的动态相关系数

动态相关系数的描述统计结果如表 3-28 所示。

表 3-28　动态相关系数的描述性统计结果

时间段	平均值	最大值	最小值	标准差
宣布纳入前	0.178 167	0.417 839	−0.186 546	0.073 5924
宣布纳入后	0.250 259	0.538 867	−0.086 69	0.003 73

从表 3-28 可以看出,相对于 A 股纳入 MSCI 指数之前,其动态相关系数的平均值由 0.178 167 提高到 0.250 259,增加了 40%,说明沪深 300 指数与标准普尔 500 指数之间的联动性在逐步增强。

动态相关系数的 BP 断点检验结果如表 3-29 所示。

表 3-29 动态相关系数的 BP 断点检验结果

断点发生时间	2018 年 8 月 15 日	2019 年 12 月 4 日
对应的相依性	0.218 3	0.287 5
对应的事件	A 股 2.5% 纳入 MSCI 指数不久	A 股 20% 纳入 MSCI 指数不久

从表 3-29 可以看出,宣布 A 股纳入 MSCI 指数的时间以及纳入比例是影响动态指数的重要因素。

四、MSCI 新兴股票市场

因为有很多的新兴市场,不可能全部列出,因此选取 MSCI 新兴市场指数综合代表新兴股票市场情形,发达股票市场仍以标准普尔 500 指数为代表,选取 2000 年 1 月 1 日—2023 年 3 月 31 日的数据,剔除时间不匹配的数据,总共得到 5 849 对数据,下面用这些数据来说明新兴股票市场与发达股票市场之间的动态融合关系,两者的图像分别如图 3-16、图 3-17 所示。

图 3-16 MSCI 新兴市场指数

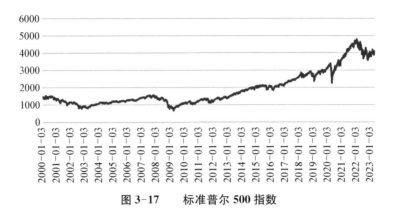

图 3-17　标准普尔 500 指数

收益率分别如图 3-18、图 3-19 所示。

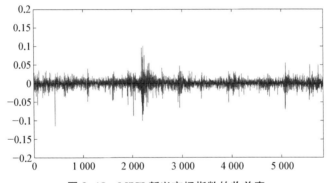

图 3-18　MSCI 新兴市场指数的收益率

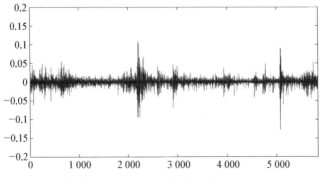

图 3-19　标准普尔 500 指数的收益率

收益率的描述性统计结果如表 3-30 所示。

表 3-30　MSCI 新兴市场指数与标准普尔 500 指数的收益率描述性统计结果

统计量	MSCI 新兴市场指数的收益率	标准普尔 500 指数的收益率
平均数	0.000 241	0.000 178
中位数	0.000 788	0.000 582
标准差	0.012 814	0.012 543
峰度	11.655 4	13.131 7
偏度	−0.661 1	−0.376 5
最小值	−0.114 1	−0.127 6
最大值	0.100 07	0.109 572
J-B 统计量	18 678.81***	25 146.32***
ARCH(1)效应	79.43***	76.91***

可见,MSCI 新兴市场指数的收益率比标准普尔 500 指数的收益率平均值大,标准差也比后者大,两者不服从正态分布,有明显的 ARCH 效应,适合于用 DCC-EGARCH-t 模型进行估计,通过 EViews11 软件得到结果如表 3-31 所示。

表 3-31　MSCI 新兴市场指数与标准普尔 500 指数的 DCC-EGARCH-t 模型结果

指　数	变　量	估计值	标准差	统计量	p 值
MSCI 新兴市场指数	α_0	−0.313 88	0.031 12	−10.084 497	0.000 0
	θ	0.143 65	0.014 55	9.867 426 84	0.000 0
	α_1	−0.071 76	0.007 189	−9.981 916 8	0.000 00

续 表

指　数	变　量	估计值	标准差	统计量	p 值
MSCI 新兴市场指数	β_1	0.987 23	0.003 241	304.606 602	0.000 0
	t 分布自由度	8.443 27	0.752 793	11.215 933 2	0.000 0
标准普尔500 指数	α_0	−0.311 87	0.026 582	−11.732 375	0.000 0
	θ	0.145 672	0.012 981	11.221 939	0.000 0
	α_1	−0.163 57	0.009 879	−16.557 343	0.000 0
	β_1	0.981 367	0.002 291	428.544 54	0.000 0
	t 分布自由度	6.657 829	0.551 157	12.079 732 2	0.000 0
DCC-EGARCH 模型参数	θ_1	0.003 873	0.000 811	4.775 585 6	0.000 0
	θ_2	0.994 386	0.003 983	249.657 54	0.000 0
	t 分布自由度	8.845 782	0.574 728	15.391 249	0.000 0

同时可以得到 MSCI 新兴市场指数与标准普尔 500 指数之间的动态相关系数,如图 3-20 所示。

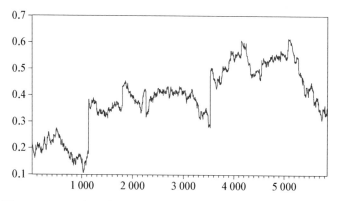

图 3-20　MSCI 新兴市场指数与标准普尔 500 指数的动态相关系数

动态相关系数的每年均值(数据截至 2023 年 3 月 31 日)如图 3-21 所示。

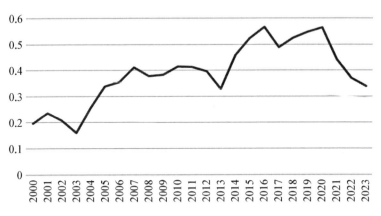

图 3-21 MSCI 新兴市场指数与标准普尔 500 指数的动态相关系数(年平均值)

从图 3-21 可以看出,随着时间的推移,越来越多的新兴经济体加入,新兴经济体金融市场逐渐开放,新兴经济体股票市场与发达股票市场之间的动态相关系数逐年增大,说明联动性在逐步增强(2021 年以后下降是全球疫情所致)。

五、小结

本节主要应用格兰杰因果关系检验、VAR 模型、DCC-EGARCH-t 模型以及断点回归等计量方法研究分析新兴经济体与发达经济体的股票市场之间的动态融合关系。通过格兰杰因果关系检验可以看出,新兴股票市场纳入 MSCI 指数以后,发达股票市场对新兴股票市场的引导作用会加强。VAR 模型结果表明,纳入 MSCI 指数以后,新兴股票市场的变化源自发达股票市场变化的比例变大。DCC-EGARCH-t 模型结果表明,纳入 MSCI 指数以后,新兴股票市场与发达股票市场间的动态相关系数明显增大,融合度明显增强,而且断点回归结果表明,金融开放政策和纳入MSCI指数的比例是动态相关系数的重要影响因素。总结起来,原因有如下两个方面。

第一,纳入MSCI指数后,新兴股票市场参与了全球性的资产配置。新兴市场国家在纳入之前一般处于经济高速发展阶段,股票市场具有高成长、高回报的特点,而且与发达国家的经济呈现逆周期现象,但新兴资本市场的制度不够完善,实行资本管制,不便于国际投资者自由出入。新兴市场股票指数纳入MSCI指数以后,给全球金融机构配置新兴股票市场的股票提供了很大的便利,境外投资者可以参与配置股票。境外资金的流入增强了新兴市场股票指数与全球股票市场指数之间的融合度。

第二,新兴资本市场与国际接轨,推动了新兴资本市场的国际化。纳入MSCI指数可以引进国际标准,从各方面协助改善境内证券市场的架构。例如,可以提高上市公司的信息披露质量和交易透明度,还可以协助促进券商交易技术的升级,逐步完善金融政策和投资法规,与国际接轨,提高股票市场的国际化,增强与国际股票市场的融合度。

第三节　新兴股票市场与发达股票市场的波动溢出实证研究

溢出效应是指一种行为对另一种行为的影响。两个股票市场间的波动溢出效应是指两个股票市场的波动之间的相互影响,一个股票市场发生波动,这种波动会对另外一个股票市场的波动产生影响。Ross(1989)认为,金融市场的波动受共同信息和私有信息两个不同信息的干扰,共同信息意味着各金融市场具有一定的关联性,因此不同资本市场之间的共同信息传递会导致两个市场间的波动溢出。Rigoban 和 Sack(2003)通过研究美国的金融市场之间的关系,认为金融市场价格和波动具有一定的内生性,因此不同金融市场之间具有内在的关联性,从而导致不同金融市场之间有波动溢出。Miyakoshi(2003)研究了日本股票市场与美国股票市场之间的波动溢出效应,Baele(2005)研究了美国和欧盟主要股市之间的波动溢出效应,发现在经济全球化和一体化的背景下,随着国家间的经济往来越来越密切,波动溢出效应明显增强。田昊扬和王军礼(2018)利用 VAR-BEKK-MVGARH 考察了中、日、韩三国股票市场之间的波动溢出效应,发现波动溢出效应也明显增强。王鹰翔与张鲁欣(2011)通过 MGARCH 模型研究了国内外证券市场波动溢出的情况,发现美国和中国资本市场的融合程度在加强,并提出监管部门需要不断完善系统性风险预警模型,加强实时监测。

一、波动溢出模型简介

研究金融市场间的波动溢出效应多用 Engle 等(1995)提出的多元 BEKK-GARCH 模型,该模型估计参数较少,而且能够保证条件方差-协方差矩阵的正定性,常应用于描述金融市场之间的波动溢出现象。假设股票市场 M_1 的收益率为 r_{1t},股票市场 M_2 的收益率为 r_{2t},收益率向量 $r_t = \begin{bmatrix} r_{1t} \\ r_{2t} \end{bmatrix}$ 的模型为:

$$r_t = X\theta + \varepsilon_t, \ \varepsilon_t \mid \zeta_{t-1} \sim t(v)$$

其中 ε_t 服从自由度为 v 的 t 分布。假设残差向量 ε_t 的条件方差-

协方差矩阵服从如下变化过程：

$$H_t = CC' + A\varepsilon_{t-1}\varepsilon'_{t-1}A' + BH_{t-1}B'$$

在双变量的 BEKK(1,1) 模型中，C 为 2×2 的下三角矩阵，A 和 B 为方阵：

$$A_t = \begin{pmatrix} a_{11,t} & a_{12,t} \\ a_{21,t} & a_{22,t} \end{pmatrix}, B_t = \begin{pmatrix} b_{11,t} & b_{12,t} \\ b_{21,t} & b_{22,t} \end{pmatrix}, C_t = \begin{pmatrix} c_{11,t} & 0 \\ c_{21,t} & c_{22,t} \end{pmatrix},$$

$$H_t = \begin{pmatrix} h_{11,t} & h_{12,t} \\ h_{21,t} & h_{22,t} \end{pmatrix}, \varepsilon_{t-1} = \begin{pmatrix} \varepsilon_{1,t-1} \\ \varepsilon_{2,t-1} \end{pmatrix}$$

矩阵 A 的非对角线元素反映是否存在 ARCH 效应，矩阵 B 的非对角线元素反映是否存在 GARCH 效应。

为了观察金融时间序列之间的波动溢出关系，将方差-协方差矩阵展开，得到：

$$h_{11,t} = c_{11}^2 + b_{11}^2 h_{11,t-1} + 2b_{11}b_{12}h_{12,t-1} + b_{12}^2 h_{22,t-1}$$
$$+ a_{11}^2 \varepsilon_{1,t-1}^2 + 2a_{11}a_{12}\varepsilon_{1,t-1}\varepsilon_{2,t-1} + a_{12}^2 \varepsilon_{2,t-1}^2$$
$$h_{22,t} = c_{22}^2 + b_{21}^2 h_{11,t-1} + 2b_{21}b_{22}h_{12,t-1} + b_{22}^2 h_{22,t-1}$$
$$+ a_{21}^2 \varepsilon_{1,t-1}^2 + 2a_{21}a_{22}\varepsilon_{1,t-1}\varepsilon_{2,t-1} + a_{22}^2 \varepsilon_{2,t-1}^2$$
$$h_{12,t} = c_{11}c_{22} + b_{11}b_{21}h_{11,t-1} + (b_{21}b_{12} + b_{11}b_{22})h_{12,t-1}$$
$$+ b_{12}b_{22}h_{22,t-1} + a_{11}a_{21}\varepsilon_{1,t-1}^2 + (a_{21}a_{12}$$
$$+ a_{11}a_{22})\varepsilon_{1,t-1}\varepsilon_{2,t-1} + a_{12}a_{22}\varepsilon_{2,t-1}^2$$

其中 $h_{11,t}$ 代表整体股票市场 M_1 的条件方差，$h_{22,t}$ 代表股票市场 M_2 的条件方差，$h_{12,t}$ 代表两者之间的条件协方差。可以通过检验下列假设，判断股票市场 M_1 与股票市场 M_2 之间是否存在波动溢出效应。

假设1：$H_{01}: a_{12} = a_{21} = b_{12} = b_{21} = 0$，如果拒绝 H_{01}，说明股

票市场 M_1 与股票市场 M_2 相互存在波动溢出效应。

假设 2：$H_{02}:a_{12}=b_{12}=0$，如果拒绝 H_{02}，说明股票市场 M_2 对股票市场 M_1 存在波动溢出效应。

假设 3：$H_{03}:a_{21}=b_{21}=0$，如果拒绝 H_{03}，说明股票市场 M_1 对股票市场 M_2 存在波动溢出效应。

二、韩国股票市场

下面考察韩国股票市场纳入 MSCI 指数过程中与标准普尔 500 股票市场的波动溢出效应，即两市场之间的信息流动和风险传染。分两个时间段进行：韩国股票 100％纳入 MSCI 指数之前和之后，通过 Winrats9.2 软件，利用最大似然法估计参数，采用 BFGS 算法得到如下 BEKK-GARCH 模型结果（见表 3-32、表 3-33）。

表 3-32　BEKK-GARCH 模型结果（100％纳入 MSCI 指数前）

	待估矩阵	参数结果
矩阵参数结果	$C_t = \begin{pmatrix} c_{11,t} & 0 \\ c_{21,t} & c_{22,t} \end{pmatrix}$	$\begin{pmatrix} 0.00241^{***} & (-) \\ (3.406) & (-) \\ 0.00338^{***} & 0.00771^{***} \\ (2.703) & (3.651) \end{pmatrix}$
	$A_t = \begin{pmatrix} a_{11,t} & a_{12,t} \\ a_{21,t} & a_{22,t} \end{pmatrix}$	$\begin{pmatrix} 0.0285^{***} & 0.0603^{***} \\ (4.749) & (3.842) \\ 0.0215 & 0.0477^{***} \\ (1.273) & (4.816) \end{pmatrix}$
	$B_t = \begin{pmatrix} b_{11,t} & b_{12,t} \\ b_{21,t} & b_{22,t} \end{pmatrix}$	$\begin{pmatrix} 0.9523^{***} & 0.8814^{***} \\ (44.81) & (26.69) \\ 0.3215 & 0.9298^{***} \\ (0.648) & (60.8399) \end{pmatrix}$

续 表

条件方差模型残差检验	$Q^2(12)$	KO 62.31*** [0.000]	SP 78.94*** [0.000]
波动溢出效应检验	原假设	Wald统计量	
	$H_{01}: a_{12}=a_{21}=b_{12}=b_{21}=0$	1.364 [0.852 846]	
	$H_{02}: a_{12}=b_{12}=0$	6.712* [0.036 849]	
	$H_{03}: a_{21}=b_{21}=0$	0.832 [0.651 695]	

注：表中( )中的数据是 t 统计量值，[ ]中的数据是 p 值，*、**、*** 分别表示10%、5%、1%下显著。

表3-33 BEKK-GARCH模型结果(100%纳入MSCI指数后)

	待估矩阵	参数结果
矩阵参数结果	$C_t = \begin{pmatrix} c_{11,t} & 0 \\ c_{21,t} & c_{22,t} \end{pmatrix}$	$\begin{pmatrix} 0.004\ 25^{***} & (-) \\ (3.671) & (-) \\ 0.001\ 72^{***} & 0.002\ 13^{***} \\ (4.223) & (3.548) \end{pmatrix}$
	$A_t = \begin{pmatrix} a_{11,t} & a_{12,t} \\ a_{21,t} & a_{22,t} \end{pmatrix}$	$\begin{pmatrix} 0.049\ 4^{***} & 0.084\ 8^{***} \\ (3.387) & (5.328) \\ 0.030\ 2^{***} & 0.107\ 6^{***} \\ (3.749) & (3.991) \end{pmatrix}$
	$B_t = \begin{pmatrix} b_{11,t} & b_{12,t} \\ b_{21,t} & b_{22,t} \end{pmatrix}$	$\begin{pmatrix} 0.901\ 5^{***} & 0.911\ 5^{***} \\ (32.47) & (33.82) \\ 0.943\ 7^{***} & 0.832\ 8^{***} \\ (21.63) & (41.76) \end{pmatrix}$

续　表

条件方差模型残差检验	$Q^2(12)$	KO 109.93*** [0.000]	SP 94.75*** [0.000]
波动溢出效应检验	原假设	Wald 统计量	
	$H_{01}: a_{12} = a_{21} = b_{12} = b_{21} = 0$	13.498*** [0.009 239]	
	$H_{02}: a_{12} = b_{12} = 0$	26.815*** [0.000 00]	
	$H_{03}: a_{21} = b_{21} = 0$	15.574*** [0.000 0]	

注：表中( )中的数据是 t 统计量值，[ ]中的数据是 p 值，*、**和***分别表示10％、5％、1％下显著。

条件方差模型的残差平方检验中，滞后12阶的 Q 统计量检验结果表明两个时段都存在明显的 ARCH 效应。

由表3-32可以看出，在韩国股票市场100％纳入 MSCI 指数之前，BEKK-GARCH 模型结果中的参数 a_{21} 和 b_{21} 不显著，并由 Wald 检验 H_{03} 的结果可知，韩国 KOSPI 指数对标准普尔500指数没有波动溢出现象，而根据拒绝 H_{02} 的结果可知，标准普尔500指数对韩国 KOSPI 指数有波动溢出现象，说明在韩国股票纳入 MSCI 指数之前，标准普尔500指数单方面对韩国 KOSPI 指数有波动溢出效应。而在表3-33中，Wald 检验都拒绝了原假设 H_{01}、H_{02} 和 H_{03}，说明在韩国股票市场100％纳入 MSCI 指数之后，韩国 KOSPI 指数与标准普尔500指数存在双向的波动溢出效应，但是从系数大小来看，标准普尔500指数占主导地位。

三、中国 A 股市场

利用前面的数据，同样分两个时间段考察沪深300指数与标准普尔 500 指数的 BEKK-GARCH 模型结果(见表 3-34、表 3-35)。

表 3-34　BEKK-GARCH 模型结果(宣布纳入 MSCI 指数前)

	待估矩阵	参数结果	
矩阵参数结果	$C_t = \begin{pmatrix} c_{11,t} & 0 \\ c_{21,t} & c_{22,t} \end{pmatrix}$	$\begin{pmatrix} 0.001\,14^{***} & (-) \\ (3.248) & (-) \\ 0.002\,76^{***} & 0.005\,54^{***} \\ (2.982) & (3.327) \end{pmatrix}$	
	$A_t = \begin{pmatrix} a_{11,t} & a_{12,t} \\ a_{21,t} & a_{22,t} \end{pmatrix}$	$\begin{pmatrix} 0.020\,9^{***} & 0.054\,3^{***} \\ (3.554) & (3.209) \\ 0.018\,7 & 0.040\,9^{***} \\ (1.128) & (4.268) \end{pmatrix}$	
	$B_t = \begin{pmatrix} b_{11,t} & b_{12,t} \\ b_{21,t} & b_{22,t} \end{pmatrix}$	$\begin{pmatrix} 0.873\,2^{***} & 0.763\,5^{***} \\ (30.23) & (16.42) \\ 0.280\,2 & 0.783\,2^{***} \\ (0.569) & (57.457\,1) \end{pmatrix}$	
条件方差模型残差检验	$Q^2(12)$	HS 41.54*** [0.000]	SP 37.68*** [0.000]
波动溢出效应检验	原假设	Wald 统计量	
	$H_{01}: a_{12} = a_{21} = b_{12} = b_{21} = 0$	2.034 [0.242]	
	$H_{02}: a_{12} = b_{12} = 0$	6.348** [0.0418]	
	$H_{03}: a_{21} = b_{21} = 0$	1.562 [0.458]	

注：表中( )中的数据是 t 统计量值，[ ]中的数据是 p 值，*、**、*** 分别表示 10%、5%、1%下显著。

表 3-35 BEKK-GARCH 模型结果(宣布纳入 MSCI 指数后)

	待估矩阵	参数结果
矩阵参数结果	$C_t = \begin{pmatrix} c_{11,t} & 0 \\ c_{21,t} & c_{22,t} \end{pmatrix}$	$\begin{pmatrix} 0.00436^{***} & (-) \\ (3.371) & (-) \\ 0.00226^{***} & 0.00257^{***} \\ (4.169) & (3.092) \end{pmatrix}$
	$A_t = \begin{pmatrix} a_{11,t} & a_{12,t} \\ a_{21,t} & a_{22,t} \end{pmatrix}$	$\begin{pmatrix} 0.0502^{***} & 0.0761^{***} \\ (3.127) & (3.619) \\ 0.0197 & 0.1153^{***} \\ (1.027) & (3.301) \end{pmatrix}$
	$B_t = \begin{pmatrix} b_{11,t} & b_{12,t} \\ b_{21,t} & b_{22,t} \end{pmatrix}$	$\begin{pmatrix} 0.8901^{***} & 0.9115^{***} \\ (33.28) & (27.65) \\ 0.8903 & 0.7603^{***} \\ (19.54) & (33.53) \end{pmatrix}$
条件方差模型残差检验	$Q^2(12)$	HS SP 88.64*** 56.48*** [0.000] [0.000]
波动溢出效应检验	原假设	Wald 统计量
	$H_{01}: a_{12} = a_{21} = b_{12} = b_{21} = 0$	3.351 [0.5231]
	$H_{02}: a_{12} = b_{12} = 0$	24.547*** [0.00000]
	$H_{03}: a_{21} = b_{21} = 0$	2.562 [0.2777]

注:表中( )中的数据是 t 统计量值,[ ]中的数据是 p 值,*、**、***分别表示 10%、5%、1%下显著。

由表 3-34、表 3-35 可以看出,不论在宣布中国 A 股纳入 MSCI 指数之前还是之后,BEKK-GARCH 模型结果中的参数

a_{21} 和 b_{21} 都不显著。并由 Wald 检验 H_{03} 的结果可知,沪深 300 指数对标准普尔 500 指数没有波动溢出现象,而根据拒绝 H_{02} 的结果可知,标准普尔 500 指数对沪深 300 指数有波动溢出现象,说明即使在宣布中国 A 股纳入 MSCI 指数之后,标准普尔 500 指数对沪深 300 指数也只有单向的波动溢出效应。这可能与中国 A 股纳入 MSCI 指数时间不长以及纳入的比例较小有关(宣布纳入时的纳入因子只有 2.5%)。

四、MSCI 新兴股票市场

利用前面的数据考察 2000 年 1 月 1 日到 2023 年 3 月 31 日 MSCI 新兴市场指数与标准普尔 500 指数的 BEKK-GARCH 模型结果(见表 3-36)。

表 3-36 MSCI 新兴市场指数与标准普尔 500 指数的 BEKK-GARCH 模型结果

	待估矩阵	参数结果
矩阵参数结果	$C_t = \begin{pmatrix} c_{11,t} & 0 \\ c_{21,t} & c_{22,t} \end{pmatrix}$	$\begin{pmatrix} 0.003\,51^{***} & (-) \\ (3.376) & (-) \\ 0.004\,39^{***} & 0.003\,34^{***} \\ (3.489) & (4.551) \end{pmatrix}$
	$A_t = \begin{pmatrix} a_{11,t} & a_{12,t} \\ a_{21,t} & a_{22,t} \end{pmatrix}$	$\begin{pmatrix} 0.055\,4^{***} & 0.068\,1^{***} \\ (3.412) & (3.559) \\ 0.044\,1^{***} & 0.148\,2^{***} \\ (3.185) & (3.044) \end{pmatrix}$
	$B_t = \begin{pmatrix} b_{11,t} & b_{12,t} \\ b_{21,t} & b_{22,t} \end{pmatrix}$	$\begin{pmatrix} 0.917\,7^{***} & 0.887\,3^{***} \\ (32.67) & (43.55) \\ 0.376\,3^{***} & 0.554\,7^{***} \\ (42.31) & (65.38) \end{pmatrix}$

续 表

条件方差模型残差检验	$Q^2(12)$	XX 108.66 *** [0.000]	SP 97.83 *** [0.000]
波动溢出效应检验	原假设	Wald 统计量	
	$H_{01}: a_{12} = a_{21} = b_{12} = b_{21} = 0$	21.332 *** [0.000 0]	
	$H_{02}: a_{12} = b_{12} = 0$	36.766 *** [0.000 00]	
	$H_{03}: a_{21} = b_{21} = 0$	25.336 *** [0.000 0]	

注：表中( )中的数据是 t 统计量值，[ ]中的数据是 p 值，*、**、*** 分别表示 10%、5%、1%下显著。

由表 3-36 可以看出，Wald 检验都拒绝了原假设 H_{01}、H_{02} 和 H_{03}，说明 MSCI 新兴市场指数与标准普尔 500 指数之间存在双向的波动溢出关系，而且随着越来越多的新兴市场逐步开放，新兴股票市场与发达经济体股票市场之间的波动溢出效应逐步增强。

五、小结

本小节主要利用 BEKK-GARCH 模型实证了新兴股票市场与发达股票市场间的波动溢出关系。随着新兴股票市场纳入 MSCI 指数的比例的上升以及时间的推移，新兴股票市场与发达股票市场之间的波动溢出效应明显增强，两个市场之间的信息流动和风险溢出也在增加，为此监管部门需要加强跨市场的风险监管，并进行风险警示，保护投资者的利益。

第四节 新兴股票市场与发达股票市场的尾部风险实证研究

虽然上节用波动溢出模型研究了两个股票市场之间的风险传染现象，但不能描述股票市场间极端风险的传染。随着新兴股票市场的逐步开放，发达股票市场与新兴股票市场的关系进一步紧密，发达股票市场的一些极端风险也逐步向新兴股票市场传递，容易形成全球范围内的金融危机。金融危机会严重破坏一个国家（地区）的经济和金融市场，导致经济衰退，给该经济体造成严重影响。1987年10月19日（星期一），美国股票市场暴跌，当日损失市值高达5 000亿美元，即著名的"黑色星期一"，欧洲与亚太地区的股票市场也随之暴跌，给全球投资者带来巨大损失；2007年，以次级抵押贷款机构破产为导火索的美国次贷危机，造成许多投资基金被迫关闭，银行破产，引发股市剧烈震荡，并迅速席卷欧洲和日本等世界主要金融市场，同时波及新兴股票市场，造成全球范围内的金融危机，世界经济增长显著放缓，对新兴国家的经济造成严重影响。这些例子说明，在股票市场关系非常密切的情况下，发达股票市场与新兴股票市场之间可能会产生极端风险传染，而且一般情况下极端风险是由发达国家股票市场向新兴经济体股票市场传递的，给新兴经济体的股票市场造成严重影响，新兴经济体需要高度重视和防范这种极端风险的传染。

在极端风险的情况下，如果两个金融市场渐近相关，则两个金融股票市场同时暴涨或者暴跌的概率非常大，也就是存在尾部相关性。如果在建模过程中忽略这种相关性，那么会低估两个市场极端事件同时发生的概率。反过来，如果两个股票市场不存在尾部相关性,但在建模中认为这两个市场有相关性,那么将会高估两个股票市场极端事件同时发生的概率。因此,研究股票市场之间的尾部相关系数非常重要,它可以描述金融市场之间同时崩盘风险以及跨市场投资风险等。研究单个股票市场极端风险的测量方法有 VaR(Value at Risk)和 ES(Expected Shortfall)等方法。VaR 值虽然可以刻画金融市场的尾部风险,但是其依赖于残差的分布假设,不同分布得到的 VaR 值也不同;同样,ES 值也依赖于对于残差的分布假设。同时,VaR 值和 ES 值都是对于单个金融市场风险的测量。研究两个股票市场之间的极端风险,特别是极端风险之间的传递,多用 Copula 函数,下面作简单介绍。

一、Copula 函数与尾部风险模型

1959 年,Sklar 最先提出了 Copula 函数理论。他认为可以将一个 N 维联合分布函数分解为 N 个边缘分布函数和一个 Copula 函数,通过这个 Copula 函数描述变量间的相关性。Nelsen(2006)给出了 Copula 函数的严格定义。Copula 函数是将随机变量 X_1, $X_2, \cdots, X_N$ 的联合分布函数 $F(x_1, x_2, \cdots, x_N)$ 与各自的边缘分布函数 $F_{X_1}(x_1), F_{X_2}(x_2), \cdots, F_{X_N}(x_N)$ 连接起来的函数,即存在 Copula 函数 $C(u_1, u_2, \cdots, u_N)$,使 $F(x_1, x_2, \cdots, x_N) = C[F_{X_1}(x_1), F_{X_2}(x_2), \cdots, F_{X_N}(x_N)]$。

(一) 常用的 Copula 函数

最常见的 Copula 函数有两大类,分别是椭圆族 Copula 函数和阿基米德族 Copula 函数。

1. 椭圆族 Copula 函数

椭圆族 Copula 函数主要有 t-Copula 函数、正态 Copula 函数

等。两者相同之处在于尾部径向对称,中间区域差别也不大,差别主要是尾部的厚度不同。这种类型的 Copula 函数,都是通过已知的多元分布计算出来的。

(1) 正态 Copula 函数

正态 Copula 函数是通过多元正态分布的概率积分变换得到的。N 元正态 Copula 函数的分布函数和密度函数的表达式分别为:

$$C(u_1, u_2, \cdots, u_N; \Sigma) = \Phi_\Sigma[\Phi^{-1}(u_1), \Phi^{-1}(u_2), \cdots, \Phi^{-1}(u_N)],$$

$$c(u_1, u_2, \cdots, u_N; \Sigma) = |\Sigma|^{-\frac{1}{2}} \exp\left[\frac{1}{2}\zeta'(\Sigma^{-1}-I)\zeta\right]$$

其中 Σ 为对角线上元素全为 1 的 N 阶对称正定矩阵,$|\Sigma|$ 为方阵 Σ 的行列式;Φ_Σ 表示相关系数矩阵为 Σ 的 N 元标准正态的分布函数,Φ^{-1} 表示标准正态分布函数的逆函数;$\zeta' = [\Phi^{-1}(u_1), \Phi^{-1}(u_2), \cdots, \Phi^{-1}(u_N)]$;$I$ 为单位矩阵。

设两变量间线性相关系数为 ρ,则二元正态 Copula 函数可以表示为:

$$C^{Ga}(u, v; \rho) = \int_{-\infty}^{\Phi^{-1}(u)} \int_{-\infty}^{\Phi^{-1}(v)} \frac{1}{2\pi\sqrt{1-\rho^2}} \exp\left\{-\frac{s^2 - 2\rho st + t^2}{2(1-\rho^2)}\right\} ds dt$$

(2) t-Copula 函数

t-Copula 函数是通过多元 t 分布的概率积分变换得到的。N 元 t-Copula 函数的分布函数和密度函数表达式分别为:

$$C(u_1, u_2, \cdots, u_N; \Sigma, k)$$
$$= t_{\Sigma, k}[t_k^{-1}(u_1), t_k^{-1}(u_2), \cdots, t_k^{-1}(u_N)]$$

$$c(u_1, u_2, \cdots, u_N; \Sigma, k)$$

$$= |\Sigma|^{-\frac{1}{2}} \frac{\Gamma\left(\frac{k+N}{2}\right)\left[\Gamma\left(\frac{k}{2}\right)\right]^{N-1}}{\left[\Gamma\left(\frac{k+N}{2}\right)\right]^N} \frac{\left(1+\frac{1}{k}\zeta'\Sigma\zeta\right)^{-\frac{k+N}{2}}}{\prod\left(1+\frac{\zeta_i^2}{k}\right)^{-\frac{k+1}{2}}}$$

其中 $t_{\Sigma,k}$ 表示相关系数矩阵为 Σ、自由度为 k 的标准 N 元 t 分布的分布函数,t_k^{-1} 表示自由度为 k 的一元 t 分布的分布函数的逆函数。

对于二元情形,设变量间线性相关系数为 ρ,则自由度为 k 的二元 t-Copula 函数可以表示为:

$$C^t(u, v; \rho, k)$$

$$= \int_{-\infty}^{t_k^{-1}(u)} \int_{-\infty}^{t_k^{-1}(v)} \frac{1}{2\pi\sqrt{1-\rho^2}} \left[1 + \frac{s^2 - 2\rho st + t^2}{k(1-\rho^2)}\right]^{-\frac{(k+2)}{2}} \mathrm{d}s\, \mathrm{d}t$$

2. 阿基米德族 Copula 函数

阿基米德族 Copula 函数在金融建模中应用非常广泛。这种类型的 Copula 函数也很多,一方面是由于其构建比较简单,可以根据自己的需求来构建;另一方面是由于阿基米德族 Copula 函数可以捕捉金融市场数据中存在的厚尾且不对称的现象,而且可以描述高维时间序列中经常存在的非线性复杂尾部的相关性。最常见的阿基米德族 Copula 函数有 Gumbel Copula 函数和 Clayton Copula 函数。

Genest 和 Mackay(1986)给出了阿基米德族 Copula 函数的分布函数的表达式:

$$C(u_1, u_2, \cdots, u_N)$$

$$= \begin{cases} \varphi^{-1}[\varphi(u_1), \varphi(u_2), \cdots, \varphi(u_N)], & \sum_{i=1}^{N} \varphi(u_i) \leqslant \varphi(0) \\ 0 & \text{其他} \end{cases}$$

其中函数 $\varphi(u)$ 是阿基米德族 Copula 函数 $C(u_1, u_2, \cdots, u_N)$ 的生成元,满足 $\varphi(1)=0$,对任意 $u \in [0,1]$,生成元 $\varphi(u)$ 是一个单调减的凸函数,生成元 $\varphi(u)$ 唯一决定了阿基米德族 Copula 函数。$\varphi^{-1}(u)$ 是生成元 $\varphi(u)$ 的反函数。

(1) Gumbel Copula 函数

Gumbel Copula 函数的分布函数和密度函数的表达式为:

$$C(u_1, u_2, \delta) = \exp\{-[(-\log u_1)^\delta + (-\log u_2)^\delta]^{\frac{1}{\delta}}\}$$

$$c(u_1, u_2, \delta) = C(u_1, u_2)(u_1 \cdot u_2)^{-1}[(-\log u_1)^\delta$$
$$+ (-\log u_2)^\delta]^{-2+\frac{2}{\delta}} \times (\log u_1 \log u_2)^{\delta-1}$$
$$\{1 + (\delta-1)[(-\log u_1)^\delta + (-\log u_2)^\delta]^{-\frac{1}{\delta}}\}$$

其中,δ 用于描述上尾相关性,当 $\delta=1$ 时,两变量不相关;当 $\delta>1$ 时,变量之间的相关性随着 δ 的增大而增强。

(2) Clayton Copula 函数

Clayton Copula 函数可以用于捕捉下尾相关性,其分布函数和密度函数表达式为:

$$C(u_1, u_2, \theta) = \varphi^{-1}[\varphi(u_1) + \varphi(u_2)]$$

$$\varphi(u) = u^{-\theta} - 1$$

$$c(u_1, u_2, \theta) = (1+\theta)(u_1 \cdot u_2)^{-1-\theta}(u_1^{-\theta} + u_2^{-\theta} - 1)^{\frac{1}{\theta-2}}$$

其中 θ 用于描述下尾相关性,当 $\theta=0$ 时,两变量不相关;当

$\theta > 0$ 时,变量间的相关性随着 θ 的增大而增强。

(二) Copula 函数与相关度量指标

随机变量间相关性的度量方法有很多,下面介绍几种 Copula 函数中常用的相关系数指标。

1. Pearson 线性相关系数

Pearson 线性相关系数是简单的线性相关系数,主要反映变量之间的线性关系。其定义为:

$$\rho = \frac{\text{cov}(X, Y)}{\sqrt{\text{var}(X)}\sqrt{\text{var}(Y)}}$$

2. Kendall 等级相关系数

Kendall 等级相关系数也称为和谐系数。设 (X_i, Y_i) 是取自总体 (X, Y) 的样本,如果 $X_i < X_j$,则有 $Y_i < Y_j$,则称 (X_i, Y_i) 与 (X_j, Y_j) 是一组和谐对,否则称为不和谐对。用 c 表示其中和谐的观测对数,d 为不和谐的观测对数,则样本的 Kendall 等级相关系数为:

$$\hat{\tau} = \frac{c-d}{c+d} = \frac{c-d}{C_n^2}$$

3. Spearman 等级相关系数

Spearman 等级相关系数和 Kendall 等级相关系数与两个变量的具体值为多少无关,仅仅与值之间的大小关系有关,是根据随机变量的等级而不是其原始值衡量相关性的一种方法。

Spearman 等级相关系数的计算可以由计算 Pearson 相关系数的方法得到,只需要把原随机变量中的原始数据替换成其在随机变量中的等级顺序。例如,用(1,2,3,4)替换序列(1,7,42,55),用(4,1,3,2)替换序列(31,6,22,16),再求出替换后的两个随机变量的 Pearson 相关系数。

4. 尾部相关系数

设连续随机向量(X,Y)的边缘分布分别为$F(x)$和$G(y)$，X与Y的上尾相关系数(λ^{up})和下尾相关系数(λ^{low})分别定义为：

$$\lambda^{up} = \lim_{u \to 1^-} P[Y > G^{-1}(u) \mid X > F^{-1}(u)]$$

$$\lambda^{low} = \lim_{u \to 0^+} P[Y < G^{-1}(u) \mid X < F^{-1}(u)]$$

若λ^{up}（或λ^{low}）存在且为正，则随机变量X与Y是上尾（或下尾）相关的；若λ^{up}（或λ^{low}）为0，则X与Y是上尾（或下尾）渐进独立。

尾部相关系数可以用来描绘极端情况下随机变量X与Y间的相关程度，因而常常描述股市暴跌和大类资产价格异常波动等情形下金融市场间的相关性。下面是几种常用的Copula函数各种相关系数的表达式（见表3-37）。

表3-37 几种常用的Copula函数的各种相关系数的表达式

Copula 函数	Kendall 等级相关系数 τ	Spearman 等级相关系数	下尾相关系数 λ^{low}	上尾相关系数 λ^{up}
正态 Copula	$\dfrac{2\arcsin \rho}{\pi}$	$\dfrac{6\arcsin \dfrac{\rho}{2}}{\pi}$	0	0
t-Copula	$\dfrac{2\arcsin \rho}{\pi}$	$\dfrac{6\arcsin \dfrac{\rho}{2}}{\pi}$	$2 - 2t_{k+1}\left(\dfrac{\sqrt{k+1}\sqrt{1-\rho}}{\sqrt{1+\rho}}\right)$	
Gumbel Copula	$1 - \dfrac{1}{\alpha}$	无	0	$2 - 2^{\frac{1}{\alpha}}$
Clayton Copula	$\dfrac{\alpha}{2+\alpha}$	无	$2^{-\frac{1}{\alpha}}$	0

注：ρ为Pearson线性相关系数。

(三) Copula 函数的评价方法

一般而言,Copula 函数采用经验 Copula 函数的方法对模型的拟合效果进行检验。下面将引入经验 Copula 函数的概念。

设 $(x_i, y_i)(i=1, 2, \cdots, n)$ 为取自二维总体 (X, Y) 的样本,记 X 与 Y 的经验分布函数分别为 $F_n(x)$ 和 $G_n(y)$,定义样本的经验 Copula 函数如下:

$$\hat{C}(u, v) = \frac{1}{n}\sum_{i=1}^{n} I_{[F_n(x_i) \leqslant u]} I_{[G_n(y_i) \leqslant v]}, \quad u, v \in [0, 1]$$

其中,$I_{[\cdot]}$ 为示性函数,当 $F_n(x_i) \leqslant u$ 时,$I_{[F_n(x_i) \leqslant u]} = 1$,否则 $I_{[F_n(x_i) \leqslant u]} = 0$。

求出经验 Copula 函数 $\hat{C}_n(u, v)$ 后,再考察二元正态 Copula 函数与二元 t-Copula 函数 $\hat{C}^{Ga}(u, v)$ 和 $\hat{C}^{t}(u, v)$ 与其经验 Copula 函数的平方欧氏距离:

$$d_{Ga}^2 = \sum_{i=1}^{n} |\hat{C}_n(u_i, v_i) - \hat{C}^{Ga}(u_i, v_i)|^2$$

$$d_t^2 = \sum_{i=1}^{n} |\hat{C}_n(u_i, v_i) - \hat{C}^{t}(u_i, v_i)|^2$$

若 $d_{Ga}^2 < d_t^2$,说明二元正态 Copula 函数能更好地拟合原始数据;反之,则二元 t-Copula 函数模型更适合。

(四) 时变的 Copula 函数

静态的 Copula 函数能够刻画时间序列之间的上尾和下尾相关性,但是尾部相关性会随时间而变化,因此需要用时变的 Copula 函数来捕捉股票市场之间的同涨同跌概率的大小。

时变 Copula 函数也称为条件 Copula 函数,主要是指参数随时间变化的 Copula 函数,这里参照 Patton(2013)提出的时变

Copula 参数模型进行建模。

1. 二元正态 Copula 时变参数模型

二元正态 Copula 时变参数模型为：

$$\rho_t = \Lambda\left[\omega + \beta\rho_{t-1} + \alpha\frac{1}{10}\sum_{j=1}^{10}\Phi^{-1}(u_{t-j})\Phi^{-1}(v_{t-j})\right]$$

其中 $\Lambda(\ )$ 是修正的 Logistic 函数，$\Lambda(x) = \dfrac{1-e^{-x}}{1+e^{-x}}$，目的是保证相关系数的变动范围为 $(-1, 1)$，$\Phi^{-1}(\cdot)$ 是标准正态分布的累积分布函数的逆函数。模型中的待估计参数有三个：α、β、ω。时变参数的滞后项 ρ_{t-1} 刻画了相关系数的持续性。

2. 二元 SJC-Copula 时变参数模型

JC-Copula 函数表达式为：

$$C_{JC}(u, v \mid \tau^U, \tau^L) = 1 - \{1 - \{[1-(1-u)^k]^{-\gamma} + [1-(1-v)^k]^{-\gamma} - 1\}^{\frac{1}{\gamma}}\}^{\frac{1}{k}}$$

其中

$$k = \frac{1}{\log_2(2-\tau^U)}, \quad \gamma = -\frac{1}{\log_2(\tau^L)}$$

但是，该模型不能捕捉上尾和下尾相关系数的非对称性。因此引入对称的 JC-Copula 函数，记为 SJC-Copula 函数，其表达式为：

$$C_{SJC}(u, v \mid \tau^U, \tau^L)$$
$$= \frac{C_{JC}(1-u, 1-v \mid \tau^U, \tau^L) + C_{JC}(u, v \mid \tau^U, \tau^L) + v + u - 1}{2}$$

利用该函数，能够描述时间序列之间的上尾和下尾相关系数

中的非对称性,求出的时变上尾和下尾相关函数分别为:

$$\tau_t^U = \Lambda[\omega_U + \beta_U \tau_{t-1}^U + \alpha_U \frac{1}{10}\sum_{j=1}^{10} |u_{t-j} - v_{t-j}|]$$

$$\tau_t^L = \Lambda[\omega_L + \beta_L \tau_{t-1}^L + \alpha_L \frac{1}{10}\sum_{j=1}^{10} |u_{t-j} - v_{t-j}|]$$

本书将时间序列中的 GARCII 模型与 Copula 函数理论相结合来研究股票市场之间的相关关系。可以分两个步骤进行建模:第一步是构建边缘分布。股票指数多呈现高峰厚尾以及波动集聚性等特征,而 GARCH 族模型也能够很好地刻画这些特点,所以运用时间序列模型刻画资产的边缘分布。第二步根据已确定的边缘分布模型来获取最适合刻画股票指数间相关性的 Copula 函数。

二、韩国股票市场

(一) 静态二元 EGARCH-t-Copula 模型构建

利用上述章节中的韩国 KOSPI 指数与标准普尔 500 指数的数据,建立 EGARCH 模型,然后经过比较选择 Copula 函数,得到 ARMA-EGARCH-t-Copula 模型。

ARMA 均值方程为:

$$y_{tk} = \sum_{i=1}^{p_k} \varphi_{tk} u_{t-i,k} + u_{tk}, \ k=1,2, \ u_{tk} = h_{tk}^{1/2}\zeta_{tk}$$

方差方程为:

$$\ln h_{tk} = \omega_k + \sum_{r=1}^{q_k} \lambda_{rk} \ln h_{t-r,k} + \sum_{i=1}^{\infty} \mu_{ik} g(\zeta_{t-i,k})$$
$$(\zeta_{t1}, \zeta_{t2}) \sim C_t[F_1(\zeta_{t1}), F_2(\zeta_{t2})],$$
$$且 \ g_k(\zeta_{tk}) = \varphi_{ik}\zeta_{tk} + \gamma_k(\zeta_{tk} - E|\zeta_{tk}|)$$

其中，$E[g_k(\zeta_{tk})]=0$，残差序列 $\zeta_{tk}(k=1,2)$ 的 Copula 函数结构是原始序列 $y_{tk}(k=1,2)$ 的条件 Copula 函数结果，即：

$$C_t(\cdot,\cdot\mid I_{t-1})=C_g(\cdot,\cdot\mid I_{t-1})=C_\zeta(\cdot,\cdot\mid I_{t-1})$$

1. 计算 Copula 函数的参数

针对韩国 KOSPI 指数和标准普尔 500 指数，采用极大似然估计法得到各 Copula 函数的参数，如表 3-38 所示。

表 3-38　Copula 函数的参数

Copula 函数	参数值	Copula 函数	参数值
Gaussian Copula	0.952 1	Gumbel Copula	5.341 6
t-Copula	0.962 5	Clayton Copula	6.439 1

注：表中参数在 5% 显著水平下都显著。

2. 选取最优 Copula 函数

选取最优 Copula 函数有两种方法。第一种是根据 Copula 函数的参数计算出 Spearman 等级相关系数和 Kendall 等级相关系数两种相关性测度，与原始数据的相关系数比较，选取最接近的 Copula 函数。第二种是比较各种 Copula 函数的平方欧氏距离，选取距离最小的 Copula 函数。

表 3-39　韩国 KOSPI 指数与标准普尔 500 指数之间的 Copula 相关系数

Copula 函数	Spearman 等级相关系数	Kendall 等级相关系数	平方欧氏距离
Gaussian Copula	0.955 2	0.853 4	0.017 6
t-Copula	0.965 3	0.847 1	0.012 1

续　表

Copula 函数	Spearman 等级相关系数	Kendall 等级相关系数	平方欧氏 距离
Gumbel Copula	0.927 3	0.778 3	0.032 9
Clayton Copula	0.943 8	0.823 7	0.026 1
KOSPI 与 SP	0.961 6	0.843 6	

注：表中参数在5%显著水平下都显著。

从表3-39可以看出，韩国KOSPI指数与标准普尔500指数中的t-Copula函数得到的Spearman等级相关系数和Kendall等级相关系数与原始收益率的等级相关系数最接近，同时比较平方欧氏距离发现，t-Copula函数的平方欧氏距离值也是最小的，因此选取最优的t-Copula函数，下面做出t-Copula函数的密度函数以及分布函数的图像（见图3-22、图3-23）。

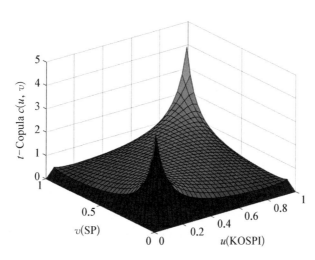

图3-22　韩国KOSPI指数与标准普尔500指数的
t-Copula概率密度函数图

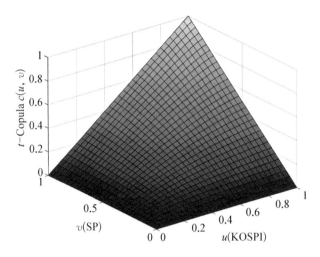

图 3-23　韩国 KOSPI 指数与标准普尔 500 指数的 t-Copula 分布函数

从图 3-22、图 3-23 中发现，t-Copula 函数具有较厚的对称尾部特征，说明了 t-Copula 函数能够较为准确地描述韩国 KOSPI 指数与标准普尔 500 指数收益序列的尾部特征。

（二）建立时变 Copula 函数模型

因为股票价格指数的相关性具有时变性，为此用时变 Copula 函数来描述韩国 KOSPI 指数与标准普尔 500 指数之间的时变尾部相关性，考察两者同涨同跌的相关性。分三步进行：首先对时间序列建立 ARMA 模型，然后建立 GARCH 模型，最后用时变 Copula 函数来构建时间序列之间的尾部相关性，求出时变的上尾和下尾相关系数，得到结果如表 3-40 所示。

从表 3-40 中各 Copula 函数的 AIC 值可以看出，时变 SJC-Copula 函数的 AIC 值最小，说明时变 SJC-Copula 函数更能刻画韩国 KOSPI 指数与标准普尔 500 指数的尾部的相关性。而且从上尾和下尾相关系数的结果可以看出,上尾相关系数和下尾相关系数差不多。因此,韩国 KOSPI 指数和标准普尔 500 指数同涨同跌的概率差不多,但同跌的概率大一些。下面分韩国股票 100% 纳入 MSCI 指数前后两个时间段,给出韩国 KOSPI 指数与标准普尔 500 指数的下尾和上尾相关系数的动态图以及描述性统计结果(见图 3-24、图 3-25、表 3-41)。

表 3-40　Copula 函数的参数结果

参数	正态 Copula	时变正态 Copula	SJC-Copula		时变 SJC-Copula	
			下尾	上尾	下尾	上尾
ρ	0.105 7		0.103 9	0.095 7		
ω		0.427 1			1.838 8	1.402 2
β		0.251 1			−9.285 1	−9.894 6
α		−1.633 2			−5.359 2	−3.678 1
LL	−19.081	−21.738	−30.104 3		−34.537	
AIC	−38.163	−43.473	−60.208 6		−70.075	

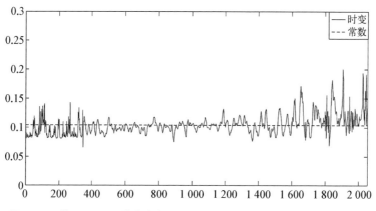

图 3-24　韩国 KOSPI 指数与标准普尔 500 指数之间的下尾相关系数图

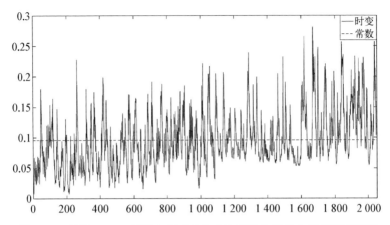

图 3-25　韩国 KOSPI 指数与标准普尔 500 指数之间的上尾相关系数图

表 3-41　韩国 KOSPI 指数与标准普尔 500 指数的下尾和上尾相关系数的描述性统计结果

	时间段	平均值	最大值	最小值	标准差
下尾相关系数	100%纳入前	0.101 1	0.171 6	0.065 2	0.013 4
	100%纳入后	0.120 9	0.200 2	0.068 6	0.022 1
上尾相关系数	100%纳入前	0.085 1	0.239 3	0.007 6	0.038 9
	100%纳入后	0.126 4	0.281 1	0.053 4	0.050 2

从上面的结果可以看出，韩国 KOSPI 指数与标准普尔 500 指数之间的上下尾相关系数在韩国股票 100% 纳入 MSCI 指数以后都有所增大，说明两个股票市场之间同涨同跌的概率都有所增大，投资者要注意分散投资和风险控制。

三、中国 A 股市场

同样选取前面的数据，得到沪深 300 指数与标准普尔 500 指数的 Copula 函数的参数结果如表 3-42 所示。

表 3-42 Copula 函数的参数结果

参数	正态 Copula	时变正态 Copula	SJC-Copula		时变 SJC-Copula	
			下尾	上尾	下尾	上尾
ρ	0.209 5		0.197 3	0.186 6		
ω		0.829 5			−1.979 2	−0.946 5
β		−0.185 8			−3.638 6	−6.543 7
α		−1.459 3			5.132 8	3.656 1
LL	−31.773	−32.851	−38.723 4		−44.233 1	
AIC	−63.547	−65.703	−77.446 9		−88.466 2	

从上面 Copula 函数的 AIC 值可以看出,时变 SJC-Copula 函数的 AIC 值最小,说明时变 SJC-Copula 函数更能刻画沪深 300 指数与标准普尔 500 指数的尾部的相关性。而且从上尾和下尾相关系数的结果可以看出,上尾相关系数比下尾相关系数小,因此沪深 300 指数与标准普尔 500 指数同跌的概率大一些。下面分宣布中国 A 股纳入 MSCI 指数前后两个时间段,给出沪深 300 指数与标准普尔 500 指数的下尾和上尾相关系数的动态图以及描述性统计结果(见图 3-26、图 3-27、表 3-43)。

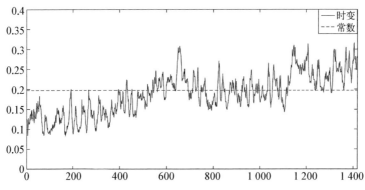

图 3-26 沪深 300 指数与标准普尔 500 指数的下尾相关系数

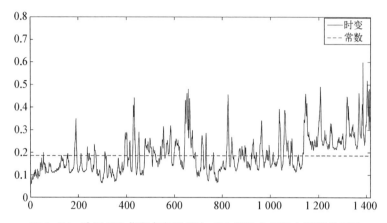

图 3-27 沪深 300 指数与标准普尔 500 指数之间的上尾相关系数

表 3-43 沪深 300 指数与标准普尔 500 指数的下尾和上尾相关系数的描述性统计结果

	时间段	平均值	最大值	最小值	标准差
下尾相关系数	宣布纳入前	0.163 2	0.307 5	0.082 9	0.045 8
	宣布纳入后	0.219 7	0.315 7	0.141 82	0.037 5
上尾相关系数	宣布纳入前	0.157 2	0.480 6	0.058 9	0.067 6
	宣布纳入后	0.230 9	0.599 3	0.113 8	0.082 3

从上面的结果可以看出,沪深 300 指数与标准普尔 500 指数之间的上下尾相关系数在宣布中国 A 股纳入 MSCI 指数以后都有所增加,说明两个股票市场之间同涨同跌的概率都有所增加。

四、MSCI 新兴股票市场

同样地,选取前文的数据,得到 MSCI 新兴市场指数与标准普尔 500 指数的 Copula 函数的参数结果(见表 3-44)。

表 3-44　Copula 函数的参数结果

参数	正态 Copula	时变正态 Copula	SJC-Copula		时变 SJC-Copula	
			下尾	上尾	下尾	上尾
ρ	0.331 6		0.316 4	0.265 9		
ω		1.568 1			−1.900 3	−2.089 4
β		−0.310 6			−1.205 1	−0.341 7
α		−1.113 7			4.250 4	4.362 6
LL	−528.075	−562.349	−640.524		−670.481	
AIC	−1 056.16	−1 124.699	−1 281.049		−1 340.963	

从上面模型的 AIC 结果可以看出,时变 SJC 模型的 AIC 值最小,从而时变 SJC 模型更能刻画 MSCI 新兴市场指数与标准普尔 500 指数的尾部的相关性。而且从上尾和下尾相关系数的结果可以看出,下尾相关系数比上尾相关系数大,从而同跌的概率还是大一些。下面给出 MSCI 新兴市场指数与标准普尔 500 指数的下尾和上尾相关系数的动态图(见图 3-28、图 3-29、图 3-30)。

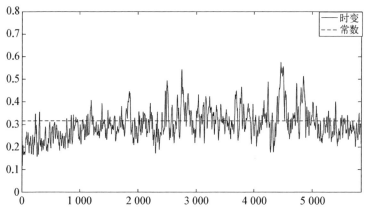

图 3-28　MSCI 新兴市场指数与标准普尔 500 指数的下尾相关系数

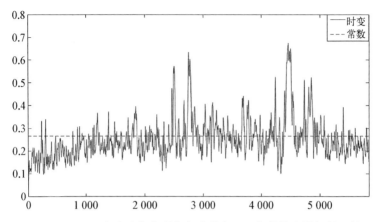

图 3-29　MSCI 新兴市场指数与标准普尔 500 指数的上尾相关系数

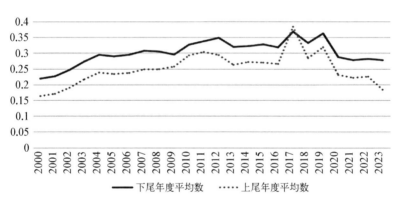

图 3-30　MSCI 新兴市场指数与标准普尔 500 指数的
上尾和下尾年度相关系数

从图 3-28、图 3-29、图 3-30 可以看出,新兴市场指数与标准普尔 500 指数之间的上下尾相关系数基本上是逐年增加的,说明两个股票市场之间同涨同跌的概率都有所增加。

五、小结

本节主要通过静态 Copula 函数和时变 Copula 函数分析新兴

股票市场与发达股票市场的尾部相关性,经过比较发现,新兴经济体纳入 MSCI 指数后,新兴经济体的股票市场与发达股票市场的上下尾相关系数在逐步增大,同时下尾的相关系数的平均值大于上尾相关系数,表明两股票市场同跌的概率比同涨的概率要大,也反映了市场风险的非对称性。

第四章
结束语以及政策建议

中国 A 股纳入 MSCI 新兴市场指数是我国资本市场改革的一件非常重要的事情,标志我国资本市场国际化上了一个新台阶。随着越来越多的境外投资者的涌入,国际机构投资者配置我国 A 股股票,会推进我国资本市场的发展,使上市公司更加关注自身的市场形象以及盈利能力,这有利于完善公司的管理制度和提高公司的核心竞争力。但是中国 A 股纳入 MSCI 指数是一把双刃剑,它在带来国际资本的同时,也给资本市场带来很多风险。监管部门需要采取措施,打击资本市场上的不良现象,加强资本市场的法治建设,切实保障资本市场的系统安全以及中小投资者的利益。

本书在介绍 MSCI 系列指数的基础上,利用事件分析法和双重差分法分析了中国 A 股纳入 MSCI 新兴市场指数后是否存在公告效应,同时也分析了纳入 MSCI 指数后对其他新兴经济体股票市场的影响;然后通过格兰杰因果关系检验、DCC-EGARCH、BEKK-GARCH 等模型以及 Copula 函数分析了新兴股票市场在纳入 MSCI 指数以后,与发达股票市场的联动性的变化,并给出了一些理论分析。通过分析新兴经济体纳入 MSCI 指数的过程和经验,为中国 A 股最终 100% 纳入 MSCI 指数提供一些借鉴和启示,为此提出如下政策建议。

一、政府层面

第一,要重视指数编制方面的研究。新兴经济体的股票市场纳入重要指数对其股票市场会产生非常大的影响。新兴经济体参与全球的资产配置,境外投资者的资金的流入能够推动股票市场的行情,改变市场投资者的投资理念,推动金融市场的全面改革和发展。我国股票市场纳入 MSCI 指数只是开始,更加关键的是要编制好自己金融市场的股票指数系列,编制符合自己股票市场实际的权威指数,供国内外投资者使用并作为资金的跟踪目标。从韩国等新兴经济体纳入 MSCI 指数的漫长过程可以看出,我国建立一个市场自有的权威指数体系,是关系金融市场长远发展的重大问题。

第二,坚持渐进式地开放资本市场,同时健全资本市场的相应制度。实证结果表明,金融改革政策是影响新兴股票市场与发达股票市场的联动性非常重要的因素。我国资本市场应遵循渐进式的开放原则。目前国际形势错综复杂,我国应有条不紊地提高外资投资比例、公司持股比例,拓宽外资投资中国股票市场的渠道。引进外资金融机构能增加市场竞争,促使国内证券公司和期货公司提升自身业务和服务能力,拓展业务,增加服务意识。

第三,根据明晟公司对于股票纳入 MSCI 指数的要求,即建立一个适合外资投资的股票市场,为此应该提高我国股票市场的有效性,完善各种准入和退出制度,规范股票交易秩序和停牌制度,恪守相关守则,对市场操纵和炒作行为进行惩处。

第四,提高监管部门的水平。我国 A 股纳入 MSCI 指数以后,境外资金不断流入境内。这些跨境资本异常流动不可避免地会对我国资本市场甚至实体经济造成不利冲击,因此需要提高对我国跨境资金流动的监测,及时发现跨境资金的流动异常,减少不利冲击,防止境外机构的恶意做空以及国际资本的恶意炒作。随着新兴市场与发达股票市场的联动性增强,监管者要不断提高自己的监管水平,要与国外监管机构进行合作,防止跨市的操纵行为,保护国内投资者的利益。同时,也要大力发展金融衍生品,如发行与 MSCI 指数相关的金融衍生品来对冲市场风险。韩国证券交易所发行了很多与 MSCI 指数相关的金融衍生品,其交易量已经居世界前列。

二、公司层面

明晟公司每年都要召开指数审议会议,对 MSCI 指数的成分股进行调整。从实证结果可以看到,纳入 MSCI 指数的股票一般会受到投资者的特别关注。因此,已经被纳入 MSCI 指数的公司要不断提高自身的管理水平、公司的治理能力、公司的实力。没有被纳入 MSCI 指数的公司要虚心学习先进的公司治理方法,完善公司的各项基本制度,深化企业制度改革,争取早日被纳入 MSCI 指数,以提高投资者对公司的关注度。

从首批被纳入 MSCI 指数的股票以及 MSCI 指数年扩容的股票来看,首批纳入 MSCI 指数的股票多为大型上市公司的股票,后面扩容的主要是以中小创业企业为主体的中小型公司,明晟公司并不一定看重公司的规模,而更看重公司的质量与内部管理水平等。因此,公司要不断提高自身的业务能力,增加自身的信用等级,提高核心竞争力,争取早日被纳入 MSCI 指数。

三、投资者层面

第一,从投资者结构的角度来看,可以发现我国 A 股投资者结构与韩国投资者结构类似,个人投资者比例较高,一定程度上加剧了股票市场的波动性。个人投资者应加强理论知识的学习,回归到价值投资的理念,不要盲目追涨杀跌,要防范股票市场带来的风险,投资自身能够承受得起风险的金融产品。另外,由于股票市场联动性日益增强,因此投资者要注意分散投资,防范风险。

第二,从韩国等新兴股票市场的发展可以发现,新兴股票市场被纳入 MSCI 指数以后,股票市场的投资者结构会发生改变,会有大量境外的机构投资者,从而加大机构投资者之间的竞争。因此,本土的机构投资者要逐步优化公司法人治理结构,提高公司治理水平,提高自身的服务能力和盈利水平。

第三,减少境外投资者的交易壁垒,吸引更多的境外投资者进入证券市场。我国应尽快完善股票交易制度,拓展境外投资者进入股票市场的渠道和许可范围,减少境外投资者的交易壁垒。同时,要培育一大批优质的公司上市,扩大资本市场容量,建立多层次的股票市场,增加资本市场的吸引力,吸引更多的境内外投资者进行投资。

附录
书中所用 Copula 函数程序

```
x = tt(:,1);
y = tt(:,2);
u = empiricalcdf(x);
v = empiricalcdf(y);
T = length(u);
options = optimset('Display','iter','TolCon',10^-12,'TolFun',
10^-4,'TolX',10^-6);
kappa1 = corrcoef12(norminv(u),norminv(v));
LL1 = NormalCopula_CL(kappa1,[u,v]);
lower = 0.0001;
theta0 = 1;
[kappa2 LL2] = fmincon('claytonCL',theta0,[],[],[],[],lower,[],
[],options,[u,v]);
lower = 0.0001;
theta0 = 1;
[kappa3 LL3] = fmincon('claytonCL',theta0,[],[],[],[],lower,[],
[],options,1-[u,v]);
lower = 0.0001;
theta0 = 1;
[kappa4 LL4] = fmincon('plackettCL',theta0,[],[],[],[],lower,[],
```

```
[],options,[u,v]);
theta0 = 1;
[kappa5 LL5] = fmincon('frankCL',theta0,[],[],[],[],lower,[],[],
options,[u,v]);
lower = 1.1;
theta0 = 2;
[kappa6 LL6] = fmincon('gumbelCL',theta0,[],[],[],[],lower,[],
[],options,[u,v]);
lower = 1.1;
theta0 = 2;
[kappa7 LL7] = fmincon('gumbelCL',theta0,[],[],[],[],lower,[],
[],options,1-[u,v]);
lower = [-0.9,2.1];
upper = [0.9,100];
theta0 = [kappa1;10];
[kappa8 LL8] = fmincon('tcopulaCL',theta0,[],[],[],[],lower,
upper,[],options,[u,v]);
lower = [0,0];
upper = [1,1];
theta0 = [0.25;0.25];
[kappa9 LL9] = fmincon('sym_jc_CL',theta0,[],[],[],[],lower,
upper,[],options,[u,v]);
LL = [LL1;LL2;LL3;LL4;LL5;LL6;LL7;LL8;LL9];
[(1:length(LL))',LL]
sortrows([(1:length(LL))',LL],2)
opt_copula = find(LL = = min(LL))
tauLU = nines(9,2);
tauLU(1,:) = [0,0];
tauLU(2,:) = [2^(-1/kappa2),0];
tauLU(3,:) = [0,2^(-1/kappa3)];
```

```
tauLU(4,:) = [0,0];
tauLU(5,:) = [0,0];
tauLU(6,:) = [0,2 - 2^(1/kappa6)];
tauLU(7,:) = [2 - 2^(1/kappa7),0];
tauLU(8,:) =
ones(1,2) * 2 * tdis_cdf( - sqrt((kappa8(2) + 1) * (1 - kappa8(1))/
(1 + kappa8(1))),kappa8(2) + 1);
tauLU(9,:) = kappa9([2,1])';
sortrows([(1:9)',LL,tauLU],2)
lower = -5 * ones(3,1);
upper = 5 * ones(3,1);
theta0 = [log((1 + kappa1)/(1 - kappa1));0;0];
[kappa10 LL10] =
fmincon('bivnorm_tvp1_CL',theta0,[],[],[],[],lower,upper,[],
options,[u,v],kappa1);
[LL10,rho10] = bivnorm_tvp1_CL(kappa10,[u,v],kappa1);
figure(10),plot((1:T)',rho10,(1:T)',kappa1 * ones(T,1),'r - - ',
legend('时变','常数'));
lower = -5 * ones(3,1);
upper = 5 * ones(3,1);
theta0 = [sqrt(kappa7 - 1);0;0];
[kappa11 LL11] =
fmincon('Gumbel_tvp1_CL',theta0,[],[],[],[],lower,upper,[],
options,[1 - u,1 - v],kappa7);
[LL11,rho11] = Gumbel_tvp1_CL(kappa11,[1 - u,1 - v],kappa7);
figure(11),plot((1:T)',rho11,(1:T)',kappa7 * ones(T,1),'r - - ',
legend('时变','常数'));
lower = -25 * ones(6,1);
upper = 25 * ones(6,1);
theta0 = [log(kappa9(1)/(1 - kappa9(1)));0;0;log(kappa9(2)/(1 -
```

```
kappa9(2)));0;0];
[kappa12 LL12] =
fmincon('sym_jc_tvp_CL',theta0,[],[],[],[],lower,upper,[],
options,[u,v],kappa9);
[LL12 tauU12 tauL12] = sym_jc_tvp_CL(kappa12,[u,v],kappa9);
figure(12),subplot(2,1,1),plot((1:T)',tauL12,(1:T)',kappa9(2) *
ones(T,1),'r  -',legend('时变','常数'),axis([0,T,0,0.8]));
subplot(2,1,2),plot((1:T)',tauU12 ,(1:T)',kappa9(1) * ones(T,1),
'r - - ',legend('时变','常数'),axis([0,T,0,0.8]));
LL = [LL1;LL2;LL3;LL4;LL5;LL6;LL7;LL8;LL9;LL10;LL11;LL12];
[(1:length(LL))',LL]
sortrows([(1:length(LL))',LL],2)
params = [ones(7,1);2;2;3;3;6];
AIC = 2 * LL + 2/T * params;
BIC = 2 * LL + log(T)/T * params;
[(1:length(LL))',LL,AIC,BIC]
sortrows([(1:length(LL))',LL,AIC,BIC],2)
sortrows([(1:length(LL))',LL,AIC,BIC],3)
sortrows([(1:length(LL))',LL,AIC,BIC],4)
```

参考文献

一、期刊论文类

1. 陈创练,姚树洁,郑挺国,等.利率市场化、汇率改制与国际资本流动的关系研究[J].经济研究,2017(4):64-77.

2. 陈汉文,陈向民.证券价格的事件性反应——方法、背景和基于中国证券市场的应用[J].经济研究,2002(1):40-47.

3. 陈海强,范云菲.融资融券交易制度对中国股市波动率的影响——基于面板数据政策评估方法的分析[J].金融研究,2015(6):159-172.

4. 陈国进,许秀,赵向琴.罕见灾难风险和股市收益——基于我国个股横截面尾部风险的实证分析[J].系统工程理论与实践,2015(9):2186-2199.

5. 陈海强,方颖,王方舟.融资融券制度对尾部系统风险的非对称影响:基于A股市场极值相关性的研究[J].管理科学学报,2019(5):99-109.

6. 陈坚.中国股票市场尾部风险与收益率预测——基于Copula与极值理论的VaR对比研究[J].厦门大学学报(哲学社会科学版),2014(4):45-54.

7. 陈镜宇.资本账户开放能促进经济长期增长吗?——基于新古

典增长理论的研究[J].经济经纬,2017(5):62-67.

8. 陈学彬,曾裕峰.中美股票市场和债券市场联动效应的比较研究——基于尾部风险溢出的视角[J].经济管理,2016(7):1-13.

9. 陈向阳,余文青.沪市与美国、欧洲股市的联动性研究[J].区域金融研究,2019(4):47-57.

10. 程昕,杨朝军,万孝园.机构投资者、信息透明度与股价波动[J].投资研究,2018(6):55-77.

11. 丛颖男,刘宜鑫,杨达森.基于Copula方法的中国金融市场间相依结构研究[J].金融经济学研究,2023(2):51-65.

12. 杜玉林.新兴股票市场与发达股票市场融合动态研究——基于韩国股指纳入MSCI-EM指数的实证分析[J].价格理论与实践,2016(12):131-134.

13. 范起兴.MSCI与中国A股相关问题的探讨[J].福建金融,2016(10):12-17.

14. 方毅,桂鹏.亚太地区股票市场的联动程度——基于次级贷冲击的研究[J].世界经济研究,2010(8):22-26+32+87-88.

15. 冯天楚,邱保印.A股入摩的信息治理效应:立竿见影还是厚积薄发?[J].外国经济与管理,2020(4):80-93.

16. 傅强,李喆.基于时变SJC-Copula函数的沪港股市尾部相关性研究[J].中国证券期货,2012(3):26-28.

17. 付荣,邵莉.经典Fisher指数视角下居民住房虚拟消费核算研究[J].统计与决策,2020(22):40-43.

18. 高猛,郭沛.中日韩股票市场的联动性研究——基于DCC-GARCH模型的实证分析[J].价格理论与实践,2012(8):66-67.

19. 龚金国,史代敏.金融自由化、贸易强度与股市联动——来自中美市场的证据[J].国际金融研究,2015(6):85-96.

20. 顾煜,施雯.A股"入摩"改善了股票市场的信息环境吗?——基于分析师盈利预测的视角[J].金融发展研究,2021(4):69-75.

21. 韩崇,孔百禅,等.外国投资者确会使股市不稳定吗?——1997年韩国经验[J].经济资料译丛,2000(2):37-56.

22. 何剑,郑智勇,张梦婷.金融开放化解了系统性金融风险吗[J].贵州财经大学学报,2020(1):37-46.

23. 胡志军.极端风险与横截面股票预期收益率——基于A股市场的实证研究[J].金融学季刊,2016(3):107-120.

24. 何德旭,苗文龙.国际金融市场波动溢出效应与动态相关性[J].数量经济技术经济研究,2015(11):23-40.

25. 贺学强,易丹辉.基于动态Copula方法的股票组合VaR估计[J].统计与决策,2010(17):11-14.

26. 胡成春,陈迅,花拥军.中国房地产业与银行业动态相关性及风险溢出性——基于GPD-Copula-CoVaR模型的实证研究[J].重庆大学学报(社会科学版),2018(6):61-70.

27. 黄洁,王晓冉,王瑶瑶,等.我国A股纳入MSCI指数对资本市场开放进程的影响及建议[J].西部金融,2020(11):4-9.

28. 蒋海,吴文洋,韦施威.新冠肺炎疫情对全球股市风险的影响研究——基于ESA方法的跨市场检验[J].国际金融研究,2021(3):3-13.

29. 贾凯威,杨洋,刘琳琳.基于Rolling Regression及VAR-DCC-GARCH模型的股市时变协动研究——发达市场对中国大陆股市存在金融传染吗?[J].商业研究,2014(11):64-71.

30. 纪彰波,臧日宏.资本市场开放能够提高股票价格稳定性吗?——基于沪港通的经验证据[J].世界经济研究,2019(5):14-26+52+134.

31. 李伯华,赵宝福,贾凯威,等.基于 Copula 函数方法的风险相关性实证研究[J].辽宁工程技术大学学报(自然科学版),2022(6):558-566.

32. 李稻葵,梅松.美元 M2 紧缩诱发世界金融危机:金融危机的内外因论及其检验[J].世界经济,2009(4):15-26.

33. 李江平.纳入明晟指数究竟会带给 A 股什么——基于深港通制度的反事实评估方法研究[J].金融经济学研究,2018(4):77-86.

34. 李锋森.融资融券对股价波动性的影响——基于我国股市的准自然实验[J].投资研究,2017(2):54-69.

35. 李强,周孝华.基于 Copula 的我国台湾和韩国股票市场相关性研究[J].管理工程学报,2014(2):100-107.

36. 李沁洋,许年行.资本市场对外开放与股价崩盘风险:来自沪港通的证据[J].管理科学学报,2019(8):108-126.

37. 李志生,杜爽,林秉旋.卖空交易与股票价格稳定性——来自中国融资融券市场的自然实验[J].金融研究,2015(6):173-188.

38. 李志辉,田伟杰.股票市场开放、系统性风险与溢出效应[J].现代经济探讨,2020(8):45-56.

39. 林祥友,易凡琦,陈超.融资融券交易的助涨助跌效应——基于双重差分模型的研究[J].投资研究,2016(4):74-86.

40. 刘琼芳,张宗益.基于 Copula 房地产与金融行业的股票相关性研究[J].管理工程学报,2011(1):165-169+164.

41. 刘剑锋,沈继胜.基于时变 SJC-Copula 函数的厚尾事件对中美股市动态相依性的冲击研究[J].浙江金融,2021(8):13-25.

42. 鲁旭,赵迎迎.沪深港股市动态联动性研究——基于三元VAR-GJR-GARCH-DCC的新证据[J].经济评论,2012(1):97-107.

43. 马勇,王芳.金融开放、经济波动与金融波动[J].世界经济,2018(2):20-44.

44. 倪骁然,顾明.资本市场国际影响力提升效应研究——来自A股纳入明晟(MSCI)新兴市场指数的证据[J].金融研究,2020(5):189-206.

45. 饶建萍,王波,唐铭惠.贸易战前后中美股市联动性研究[J].经济数学,2019(4):8-13.

46. 谭雅妃,朱朝晖.资本市场国际化与投资——股价敏感性:基于A股纳入MSCI指数准自然实验的研究[J].世界经济研究,2022(4):120-134+137.

47. 唐路明,徐彩云.基于时变混合Copula-MAR模型的股市间风险传染分析[J].南方金融,2013(10):80-84.

48. 唐齐鸣,操巍.沪深美港股市的动态相关性研究——兼论次级债危机的冲击[J].统计研究,2009(2):21-27.

49. 田昊扬,王军礼.后危机时期中、日、韩三国股市间溢出效应研究[J].统计与决策,2018(2):159-163.

50. 王皓.韩国股票市场与世界主要股票市场的联动性研究[J].韩国研究论丛,2016(1):240-253.

51. 王皓,李晓.从中日韩股票市场联动性看东北亚地区金融一体化[J].东北亚论坛,2016(4):72-85+128.

52. 王鹏,吴金宴.基于协高阶矩视角的沪港股市风险传染分析[J].管理科学学报,2018(6):29-42.

53. 王文召,贺焱林.融资融券资格对标的股票波动性的影响——

基于我国股市的实证研究[J].西南民族大学学报(人文社科版),2020(2):170-177.

54. 王鹰翔,张鲁欣.基于向量 GARCH 模型的国际证券市场波动溢出研究[J].管理评论,2011(6):49-53.

55. 韦艳华,张世英.多元 Copula-GARCH 模型及其在金融风险分析上的应用[J].数理统计与管理,2007(3):432-439.

56. 吴吉林,操君.中国 A、B、H 股间市场一体化进程研究——基于 SKEWED-T-GJR-COPULA 方法的实证检验[J].南方经济,2011(5):43-53.

57. 吴吉林,陈刚,黄辰.中国 A、B、H 股市间尾部相依性的趋势研究——基于多机制平滑转换混合 Copula 模型的实证分析[J].管理科学学报,2015(2):50-65.

58. 吴献博,惠晓峰.中国 A 股市场金融板块间风险相依关系及动态演化研究[J].中国管理科学,2022(5):54-64.

59. 许从宝,刘晓星,石广平."沪港通"会降低上证 A 股价格波动性吗?——基于自然实验的证据[J].金融经济学研究,2016(6):28-39.

60. 徐晓光,余博文,郑尊信.内地股市与香港股市融合动态分析——基于沪港通视角[J].证券市场导报,2015(10):61-66.

61. 杨继梅,马洁,吕婕.金融开放背景下金融发展对跨境资本流动的影响研究[J].国际金融研究,2020(4):33-42.

62. 杨光,张丁漩,魏云捷.基于 EMD-BEKK-GARCH 模型的有色金属股票市场波动溢出研究[J].管理评论,2022(12):39-48.

63. 杨瑞杰,张向丽.沪港通对大陆、香港股票市场波动溢出的影响研究——基于沪深 300 指数、恒生指数高频数据[J].金融经济学研究,2015(6):49-59.

64. 杨松令,杨璐,刘亭立,等.A 股纳入 MSCI 新兴指数对股价崩盘风险的影响[J].上海金融,2021(7):43-52.

65. 杨雪莱,张宏志.金融危机、宏观经济因素与中美股市联动[J].世界经济研究,2012(8):17-21+87.

66. 游家兴.经济一体化进程会放大金融危机传染效应吗?——以中国为样本[J].国际金融研究,2010(1):89-96.

67. 游家兴,郑挺国.中国与世界金融市场从分割走向整合——基于 DCC-MGARCH 模型的检验[J].数量经济技术经济研究,2009(12):96-108.

68. 游士兵,吴雨濛.沪伦通背景下我国内地股市与英国股市的联动性分析[J].统计与决策,2020(24):142-146.

69. 曾裕峰,温湖炜,陈学彬.股市互联、尾部风险传染与系统重要性市场——基于多元分位数回归模型的分析[J].国际金融研究,2017(9):86-96.

70. 张兵,范致镇,李心丹.中美股票市场的联动性研究[J].经济研究,2010(11):141-151.

71. 张旭,王宝珠.A 股"入摩"降低股价波动了吗?[J].金融发展研究,2020(8):12-19.

72. 张旭,王宝珠,刘晓星.A 股纳入 MSCI 指数与股价异质性风险[J].国际商务(对外经济贸易大学学报),2021(4):139-156.

73. 张曾莲,施雯.资本市场国际化能抑制公司违规吗?——基于 A 股纳入明晟(MSCI)新兴市场指数的准自然实验[J].证券市场导报,2021(12):23-33.

74. 赵立昌,陈晓雨.新兴市场纳入 MSCI 的经验[J].中国金融,2017(18):60-61.

75. 钟凯,孙昌玲,王永妍,等.资本市场对外开放与股价异质性波动——来自"沪港通"的经验证据[J].金融研究,2018(7):174-192.

76. 钟熙维,吴莹丽.新冠肺炎疫情下全球股票市场的联动性研究[J].工业技术经济,2020(10):29-37.

77. 周文龙,李育冬,余红心,等.投资者情绪与市场收益的双向波动溢出关系——基于TGARCH-M和BEKK-GARCH模型[J].金融理论与实践,2020(11):69-78.

78. Adler M, Dumas B. International Portfolio Choice and Corporation Finance: A Synthesis [J]. *The Journal of Finance*, 1983, 38(3): 925-984.

79. Andrews, Donald W. K. Tests for Parameter Instability and Structural Change with Unknown Change Point [J]. *Econometrics*, 1993, 61(4): 821-826.

80. Bae K H, Ozoguz A, Tan H P. Do Foreigners Facilitate Information Transmission in Emerging Markets? [J]. *Journal of Financial Economics*, 2012, 105(1): 209-227.

81. Bae K H, Chan K, Ng A. Investibility and Return Volatility [J]. *Journal of Financial Economics*, 2004, 71(2): 239-263.

82. Baele L. Volatility Spillover Effects In European Equity Markets[J]. *Journal of Financial & Quantitative Analysis*, 2005, 40(2): 373-401.

83. Bai, Perron P. Estimating and Testing Linear Models with Multiple Structural Changes [J]. *Econometric*, 1998, 66(1): 47-78.

84. Bai J H, Perron P. Computation and Analysis of Multiple

Structural Change Models [J]. *Journal of Applied Econometrics*, 2003, 18(1): 373-399.

85. Barberis, Shleifer. Style Investing[J]. *Journal of Financial Economics*, 2003, 68(2): 161-199.

86. Bollerselev, T. Generalized Autoregressive Conditional Heteroscedasticity[J]. *Journal of Econometrics*, 1986, 31(2): 307-327.

87. Bollerslev, T. Modelling the Coherence in Short Run — Nominal Exchange Rates: A Multivariate Generalized ARCH Model[J]. *The Review of Economics and Statistics*, 1990, 72(3): 498-505.

88. Brown, Stephen J, and Warner. Measuring Security Price Performance[J]. *Journal of Financial Economics*, 1980, 8(3): 205-258.

89. Bruno Solnik, Cyril Boucrelle, Yann Le Fur. International Market Correlation and Volatility[J]. *Financial Analysts Journal*, 1996, 52(3): 17-34.

90. Burnham T C, Gakidis H, Wurgler J. Investing in the Presence of Massive Flows: The Case of MSCI Country Reclassifications [J]. *Financial Analysts Journal*, 2018, 74(1): 77-87.

91. Calvo, Mendoza. Rational Contagion and the Globalization of Securities Markets[J]. *Journal of International Economics*, 2000, 51(1): 79-113.

92. Candelon B. Liberalisation and Stock Market Co-movement between Emerging Economies [J]. *Quantitative Finance*,

2011(2): 299-312.

93. Chakrabarti R, Wei H, Jayaraman N. Price and Volume Effects of Changes in MSCI Indices-Nature and Causes[J]. *Journal of Banking & Finance*, 2005, 29(5): 1237-1264.

94. Chang Y C, Hong H and Liskovich I. Regression Discontimuity and the Price Effects of Stock Market Indexing [J]. *Review of Financial Studies*, 2015, 28(1): 212-246.

95. Chen H, Noronha G and Singal V. The Price Response to S&P 500 Index Additions and Deletions: Evidence of Asymmetry and a New Explanation[J]. *The Journal of Finance*, 2004, 59(4): 1901-1930.

96. Chen H, Shiu C Y and Wei H S. Price Effect and Investor Awareness: Evidence from MSCI Standard Index Reconstitutions[J]. *Journal of Empirical Finance*, 2019, 50(9): 93-112.

97. Chung R, Firth M, Kim J B. Institutional Monitoring and Opportunistic Earnings Management [J]. *Journal of Corporate Finance*, 2002, 8(1): 29-48.

98. Connolly R A, Wang F A. On Stock Market Return Co-Movements: Macroeconomic News, Dispersion of Beliefs, and Contagion[J]. *Social Science Electronic Publishing*, 2002/ssrn. 233924.

99. Das, D., Bhowmik, P. , Jana, R. K. A Multiscale Analysis of Stock Return Co-movements and Spillovers: Evidence from Pacific Developed Markets[J]. *Physical A: Statistical Mechanics and its Applications*, 2018, 502(2): 379-393.

100. David G, Dickson. Stock Market Integration and Macroeconomic Fundamentals: An Empirical Analysis[J]. *Applied Financial Economics*, 2000, 10(3): 261-276.

101. Dickey. D, Fuller W. Distribution of the Estimators for Autoregressive Time Series with a Unit Root[J]. *Journal of the American Statistical Association*, 1979(4): 427-431.

102. Dolly, C. J. Characteristics and Procedure of Common Stock Split-ups[J]. *Harvard Business Review*, 1933, 11(3): 316-326.

103. Doidge C, Karolyi G A, Stulz R M. Why are Foreign Firms Listed in the U. S. A. Worth More? [J]. *Journal of Financial Economics*, 2004, 71(2): 205-238.

104. Easley D, O'hara M. Information and the Cost of Capital [J]. *The Journal of Finance*, 2004, 59(4): 1553-1583.

105. Eiling, E., Gerard, B., Hillion, P. International Portfolio Diversification: Currency, Industry and Country Effects Revisited[J]. *Journal of International Money and Finance*, 2012, 31(5): 1249-1278.

106. Engle, R. Autoregressive Conditional Heteroskedasticity with Estimates of Variance of U. K. Inflation [J]. *Econometrica*, 1982, 50(3): 987-1008.

107. Engle D, F Lillian, Robins. Estimating Time Varying Risk Premia in the Term Structure: the ARCH-M Model[J]. *Econometrica*, 1987, 55(4): 391-407.

108. Engle R. Dynamic Conditional Correlation: A Simple Class of Multivariate Generalized Autoregressive Conditional

Heteroskedasticity Models[J]. *Journal of Business & Economic Statistics*, 2002, 20(3): 339-350.

109. Fama, Fisher, Roll. The Adjustment of Stock Prices to New Information[J]. *International Economic Review*, 1969, 34(10): 1-21.

110. Fan J P H, Wong T J, Zhang T Y. Institutions and Oorganizational Structure: The Case of State-owned Corporate Pyramids[J]. *The Journal of Law Economics and Organization*, 2013, 29(6): 1217-1252.

111. Fischer P E, Stocken P C. Analyst Information Acquisition and Communication[J]. *The Accounting Review*, 2010, 85(6): 1985-2009.

112. Forbes, Rigobon. No Contagion, Only Interdependence: Measuring Stock Market Co-movements[J]. *The Journal of Finance*, 2002, 57(5): 2223-2261.

113. Gaetano D. Forecast Combinations for Structural Breaks in Volatility: Evidence from BRICS Countries[J]. *Journal of Risk and Financial Management*, 2018, 11(4): 1-13.

114. Genest, C, Mackay, J. The Joy of Copulas: Bivariate Distributions with Uniform Marginals[J]. *American Statistician*, 1986, 5(6): 280-283.

115. Golosnoy V. Gribisch B, Liesenfeld R. Intra-daily Volatility Spillovers in International Stock Markets[J]. *Journal of International Money & Finance*, 2015, 53(1): 95-114.

116. Gregory, James, Michail Karoglou. Financial Liberalization and Stock Market Volatility: the Case of Indonesia[J].

Applied Financial Economics, 2010, 20(6): 477-486.

117. Glosten R, Runkle. Relationship between the Expected Value and the Volatility of the Normal Excess Return on Stocks[J]. *Journal of Finance*, 1993, 48(12): 1779-1781.

118. Gökçe Soydemir. International Transmission Mechanism of Stock Market Movements: Evidence from Emerging Equity Markets [J]. *Journal of Forecasting*, 2000, 19(3): 149-161.

119. Harris L and Gurel E. Price and Volume Effects Associated with Changes in the S&P 500 List: New Evidence for the Existence of Price Pressures[J]. *Journal of Finance*, 1986, 41(4): 815-830.

120. Hartzell J C, Starks L T. Institutional Investors and Executive Compensation [J]. *The Journal of Finance*, 2003, 58(6): 2351-2374.

121. Henry P B. Do Stock Market Liberalizations Cause Investment Booms? [J]. *Journal of Financial Economics*, 2000, 58(1): 301-334.

122. Hung C W, Shiu C Y. Trader Activities, Ownership, and Stock Price Reactions to MSCI Standard Index Changes: Evidence from Taiwan [J]. *Journal of Multinational Financial Management*, 2016, 36(5): 49-63.

123. Hung M, Wong T J, Zhang T Y. Political Considerations in the Decision of Chinese SOEs to List in Hong Kong[J]. *Journal of Accounting and Economics*, 2012, 53(1-2): 435-449.

124. Jammazi R, Tiwari A. K, Ferrer R. Time-Varying Dependence between Stock and Government Bond Returns: International Evidence with Dynamic Copulas [J]. *North American Journal of Economics and Finance*, 2015, 33 (3): 74-93.
125. Kenourgios D, Samitas A, Paltalidis N. Financial Crises and Stock Market Contagion in a Multivariate Time-varying Asymmetric Framework [J]. *Journal of International Financial Markets Institutions & Money*, 2010, 21 (1): 92-106.
126. King Mervyn A., Wadhwani Sushil. Transmission of Volatility between Stock Markets[J]. *Narnia*, 1990, 3(1): 5-31.
127. Kristin J. Forbes, Menzie D. Chinn. A Decomposition of Global Linkages in Financial Markets over Time[J]. *The Review of Economics and Statistics*, 2004, 86 (3): 705-722.
128. Lang M H, Lins K V, Miller D P. ADRs, Analysts, and Accuracy: Does Cross Listing in the United States Improve a Firm's Information Environment and Increase Market Value? [J]. *Journal of Accounting Research*. 2003, 41(2): 317-345.
129. Lee, Cho. What Drives Dynamic Co-movements of Stock Markets in the Pacific Basin Region? A Quantile Regression Approach [J]. *International Review of Economics & Finance*, 2017, 51(4): 314-327.
130. Leuz C, Lins K V and Warnock F E. Do Foreigners Invest

Less in Poorly Governed Firms? [J]. *Review of Financial Studies*, 2009, 22(9): 3245-3285.

131. Li D, Nguyen Q N, Pham P K. Large Foreign Ownership and Firm-Level Stock Return Volatility in Emerging Markets [J]. *Journal of Financial & Quantitative Analysis*, 2011, 34(4): 1127-1155.

132. Lin C H. The Comovement between Exchange Rates and Stock Prices in the Asian Emerging Markets [J]. *International Review of Economics & Finance*, 2012, 22(1): 161-172.

133. Manel Y, Khaled M, Noomen. Dynamic Connectedness between Stock Markets in the Presence of the COVID-19 Pandemic: Does Economic Policy Uncertainty Matter? [J]. *Financial Innovation*, 2021, 7(1): 1-13.

134. Mcqueen G, Roley. Stock Prices, News, and Business Conditions[J]. *Review of Financial Studies*, 1993, 6(3): 683-707.

135. Miyakoshi T. Spillovers of Stock Return Volatility to Asian Equity Markets from Japan and the USA[J]. *Journal of International Financial Markets Institutions & Money*, 2003, 13(04): 383-399.

136. Mohamed EI Hedi, Fredj J. Nonlinear Stock Market Integration in Emerging Countries [J]. *International Journal of Economics and Finance*, 2010, 2(5): 79-85.

137. Nelson, Daniel B. Conditional Heteroskedasticity in Asset Returns: A New Approach[J]. *Modelling Stock Market*

Volatility, 1991, 59(2): 347-370.

138. Panayiotis F, Diamandis. Financial Liberalization and Changes in the Dynamic Behaviour of Emerging Market Volatility: Evidence from Four Latin American Equity Markets [J]. *Research in International Business and Finance*, 2008, 22(3): 362-377.

139. Patton A J. Estimation of Copula Models for Time Series of Possibly Different Lengths [J]. *Journal of Applied Economics*, 2006, 21(2): 147-173.

140. Patton A J. Chapter 16-Copula Methods for Forecasting Multivariate Time Series [J]. *Handbook of Economic Forecasting*, 2013, 2(1): 899-960.

141. Pesaran, M. Hashem & Smith, Ron, Estimating Long-run Relationships from Dynamic Heterogeneous Panels [J]. *Journal of Econometrics*, 1995, 68(7): 79-113.

142. Prasanna K, Bansal B. Foreign Institutional Investments and Liquidity of Stock Markets: Evidence from India [J]. *International Journal of Economics and Finance*, 2014, 6(6): 103-118.

143. Primiceri E. Time Varying Structural Vector Autoregressions and Monetary Policy [J]. *The Review of Economic Studies*, 2005, 72(3): 821-852.

144. Puja Padhi, M. A. Lagesh. Volatility Spillover and Time-Varying Correlation among the Indian, Asian and US stock Markets [J]. *Journal of Quantitative Economics*, 2012, (10): 37-44.

145. Rigobon R, Sack B. Spillovers Across U.S. Financial Markets[R]. NBER Working Papers, 2003.
146. Robert A, Korajczyk. A Measure of Stock Market Intergration for Developed and Emerging Markets[J]. *The World Bank Economic Review*, 1996(10): 267-289.
147. Ross S. Information and Volatility: The No-Arbitrage Martingale Approach to Timing and Resolution Irrelevancy [J]. *The Journal of Finance*, 1989(1): 1-17.
148. Saidi, Guesmi, Rachdi. Capital Account Liberalization, Financial Development and Economic Growth in Presence of Structural Breaks and Cross-section Dependence [J]. *Economics Bulletin*, 2016, 36(4): 2225-2236.
149. Savicks. Event Introduced Volatility and Test for Abnormal Performance[J]. *The Journal of Financial Research*, 2003, 26(2): 165-178.
150. Shleifer A. Do Demand Curves for Stocks Slope Down? [J]. *Journal of Finance*, 1986, 41(3): 579-590.
151. Sims C. Macroeconomics and Reality[J]. *Econometrica*, 1980, 48(1): 1-48.
152. Stulz R M. On the Effects of Barriers to International Investment[J]. *The Journal of Finance*, 1981, 36(4): 923-934.
153. Tavares, J. Economic Integration and the Comovement of Stock Returns [J]. *Economics Letters*, 2009, 103(2): 65-67.
154. Torre A D L, Gozzi J C, Schmukler S L. Stock Market

Development under Globalization: Whither the Gains from Reforms? [J]. *Journal of Banking & Finance*, 2007, 31 (6): 1731-1754.

155. Tu C J, Chang Y. Analyst Responses to Stock-index Adjustments: Evidence from MSCI Taiwan Index Additions [J]. *Review of Financial Economics*. 2012, 21(2): 82-89.

156. Umutlu M, Akdeniz L, Altay-Salih A. The Degree of Financial Liberalization and Aggregated Stock-Return Volatility in Emerging Markets[J]. *Journal of Banking & Finance*, 2010, 34(3): 509-521.

157. Valentina Galvani. Does Style Investing Uniformly Affect Correlations in Small and Large Markets [J]. *Heliyon*, 2020, 6(9): e04881-e04881.

158. Warner, Brown Jerold B. Using Daily Stock Returns: The Case of Event Studies[J]. *Journal of Financial Economics*, 1985, 22(1): 3-31.

159. Xiao Y. The Risk Spillovers from the Chinese Stock Market to Major East Asian Stock Markets: A MSGARCH-EVT-Copula Approach[J]. *International Review of Economics and Finance*, 2020, 65(3): 173-186.

160. Xuan Vinh. Foreign Ownership and Stock Return Volatility — Evidence from Vietnam [J]. *Journal of Multinational Financial Management*, 2015, 30 (3): 43-52.

161. Yu F. Analyst Coverage and Earnings Management [J]. *Journal of Financial Economics*, 2008, 88(2): 245-271.

162. Zhang B., Li X. M. Has There Been Any Change in the Comovement between the Chinese and US Stock Markets? [J]. *International Review of Economics & Finance*, 2014, 29(3): 525-536.

二、著作类

1. 高铁梅,王金明,刘玉红,等.计量经济分析方法与建模——EViews 应用及实例[M].清华大学出版社,2020.
2. 欧阳资生,阳旸,马倚虹.金融计量学:基于 R 和 Python[M].中国人民大学出版社,2023.
3. 韦艳华,张世英.Copula 理论及其在金融分析上的应用[M].清华大学出版社,2008.
4. 谢中华.MATLAB 统计分析与应用:40 个案例分析[M].北京航空航天大学出版社,2015.
5. 张成思.金融计量学——时间序列分析视角[M].中国人民大学出版社,2020.
6. Carlo, Giannini. *Topics in Structural VAR Econometrics* [M]. New York: Springer, 1992.
7. Dias A D C. *Copula Inference for Finance and Insurance* [M]. Zürich Press, 2004.
8. Fisher I. *The Purchasing Power of Money* [M]. London: Macmillan, 1911.
9. Fisher I. *The Making of Index Numbers* [M]. Boston: Houghton-Miff-li, 1922.
10. Hamilton. *Time Series Analysis* [M]. Princeton University, 1994.

11. Nelsen R B. *An Introduction to Copulas（Springer Series in Statistics）*[M]. Springer，2006.

12. Philipp J. Schonbucher，Dirk Schubert. *Copula-Dependent Default Risk in Intensity Models*[M]. Bonn University，2002.

三、其他

1. 单晓玉.突发公共卫生事件期间股市间波动溢出效应研究——以 SARS 疫情和 COVID-19 疫情为例[D].山东大学硕士学位论文,2021.

2. 高昕逸.重大信息宣告对我国股票市场羊群效应影响研究[D].西南财经大学硕士学位论文,2020.

3. 上海证券交易所资本市场研究所.境外证券交易所国际化研究[R].2017 年 11 月.

4. 上海证券交易所研究中心.中国资本市场对外开放总体设想[R].2006 年 9 月.

5. 中证指数公司.中证指数有限公司股票指数计算与维护细则[R].2022 年 9 月.

6. 薛凯丽.基于时变 Copula 模型的资产间相关关系研究[D].西安工程大学硕士学位论文,2019.

7. 肖杨.沪港通和深港通背景下中国股市对亚洲主要股市的极端风险溢出研究[D].成都理工大学硕士学位论文,2020.

8. 杨欢.上市银行收益率尾部风险研究[D].西南财经大学博士学位论文,2022.

9. 谢玉玲.A 股纳入 MSCI 对中国股市与国际股市的联动性影响[D].西南财经大学硕士学位论文,2021.

10. Patton A J. Estimation of Copula Models for Time Series of Possibly Different Lengths[D]. Working Paper of Department of Economics, University of California, San Diego, 2001.
11. Patton A J. Modeling Time-Varying Exchange Rate Dependence Using the Conditional Copula[R]. Department of Economics, University of California, San Diego, 2001.

后 记

首先,我要感谢华东政法大学图书出版项目对本书的资助。感谢华东政法大学商学院领导关心本书的出版,也要感谢同事童勇和王芳两位老师在写作过程中的帮助,同时感谢研究生周峻梅和詹绍衍为本书所做的部分资料整理工作。

其次,我要感谢复旦大学出版社的支持,使本书得以出版,同时也要感谢本书编辑的耐心和敬业,他们的专业水平给本书增色不少。

最后,我要感谢我的家人和朋友,他们在整个写作过程中给予了我无尽的支持和理解。

由于笔者水平有限,书中难免有不足之处,敬请读者批评指正。

图书在版编目(CIP)数据

纳入 MSCI 指数对新兴股票市场的影响研究/杜玉林著.—上海:复旦大学出版社,
2024.1
ISBN 978-7-309-17167-9

Ⅰ.①纳… Ⅱ.①杜… Ⅲ.①股票市场-研究-中国 Ⅳ.①F832.51

中国国家版本馆 CIP 数据核字(2023)第 246082 号

纳入 MSCI 指数对新兴股票市场的影响研究
杜玉林 著
责任编辑/张 炼

复旦大学出版社有限公司出版发行
上海市国权路 579 号 邮编:200433
网址:fupnet@fudanpress.com http://www.fudanpress.com
门市零售:86-21-65102580 团体订购:86-21-65104505
出版部电话:86-21-65642845
上海四维数字图文有限公司

开本 890 毫米×1240 毫米 1/32 印张 7.625 字数 177 千字
2024 年 1 月第 1 版
2024 年 1 月第 1 版第 1 次印刷

ISBN 978-7-309-17167-9/F·3022
定价:50.00 元

如有印装质量问题,请向复旦大学出版社有限公司出版部调换。
版权所有 侵权必究